kızlarım selin ve melisa'ya...

Proje danışmanı: **Dr. Gülnihal Şarman**
Fotoğraflar: **Can Cömert, Ilgın Akarsu**
Styling: **Gözde Durusoy**
Grafik tasarım: **Berna Koritan Sönmez**
Mutfak danışmanı: **İpek Şen**
Editör: **Neclâ Feroğlu**

SİBEL GÜNGÖR

BEBEĞİMİN BESLENME KİTABI

6~24 AY BESLENME PLANI VE YEMEK TARİFLERİ

Proje Danışmanı
Dr. Gülnihal Şarman

Remzi Kitabevi

BEBEĞİMİN BESLENME KİTABI / Sibel Güngör

ISBN 978-975-14-1589-9

Birinci basım: Aralık 2013
Dördüncü basım: Mart 2016

Kitabın bu basımı 3000 adet yapılmıştır.

Remzi Kitabevi A.Ş., Akmerkez E3-14, 34337 Etiler-İstanbul
Sertifika no: 10705
Tel (212) 282 2080 Faks (212) 282 2090
www.remzi.com.tr post@remzi.com.tr

Baskı ve cilt: Seçil Ofset, 100. Yıl Mah., Matbaacılar Sitesi
4. Cad. No: 77, Bağcılar-İstanbul
Sertifika no: 12068
Tel (212) 629 0615

6 aylık dönem

ek besinlere başlama

sf. 13

6 ~ 9 aylık dönem

ek besinlerde ilerleme

sf. 43

9 ~ 12 aylık dönem

pütürlü ve parçalı yemekler

sf. 91

12 ~ 18 aylık dönem

minik lokmalar ve birazda kendi seçimi

sf. 131

18 ~ 24 aylık dönem

artık her şey!

sf. 185

merhaba :)

Her annenin, bebeğine yemek yedirirken yaşadığı, bazen güldüren bazen ağlatan tecrübeleri olur. Bir taraftan hızla büyüyen bebeğimizin ihtiyaçlarını anlamaya çalışırken bir yandan ona eksiksizce bakmaya çalışırız. Bebeğimizin ek besinlere başlamasıyla kimi zaman eğlenceli kimi zaman sancılı yepyeni bir dönem başlar. En önemlisi bu dönemde bebeğimizin ilerideki yaşamında sürdüreceği beslenme alışkanlıklarının temelleri atılır.

Bu kitabı yazarken öncelikle, bebeklerin ek besinlere geçiş sürecinde annelerin aklına gelebilecek soruları, yaşadığı sıkıntıları düşünmeye çalıştım. İçeriği oluştururken çocukluğumdan beri alışık olduğum Akdeniz tipi beslenme düzeninden, yurtdışında yayınlanmış bebek beslenmesiyle ilgili çeşitli yayınlardan, UNICEF ve Dünya Sağlık Örgütü gibi uluslararası otoritelerin yayınlarından ve aynı zamanda ikiz kızlarımı büyütürken yaşadığım tecrübelerden faydalandım. Kitabımdaki tarif ve önerilerin yaratıcı, yenilikçi, güncel ve güvenilir olmasına özen gösterdim. "Her gün aynı püreyi, aynı çorbayı mı vereceğim?" diyen annelere yeni alternatifler sunmaya çalıştım.

Umarım bu kitap aradığınız bilgileri bulmanızda, bebeklikten itibaren çocuklarınıza doğru beslenme alışkanlıkları kazandırmanızda faydalı olur.

Kitabımdaki tarifleri ve önerileri uygularken her bebeğin kendine özgü bir yaklaşıma ihtiyaç duyduğunu hatırlayın ve anne olarak kendi iç sesinizi dinlemeyi de unutmayın.

Sevgilerimle
Sibel Güngör

selin ve melisa

SİBEL GÜNGÖR

ODTÜ Ekonomi Bölümü mezunu olan Sibel Güngör, profesyonel çalışma hayatına sağlık sektöründe sürdürmüştür. Sağlıklı beslenme ve yaşam alışkanlıkları konusundaki tecrübe ve ilgisi onu bebek ve çocuklarda sağlıklı beslenme, anne sağlığı ve beslenmesi, herkes için sağlıklı beslenme, sağlıklı yaşam alışkanlıkları konularında daha geniş araştırmalar yapmaya yönlendirmiştir.

Sağlıklı beslenme ve yaşam alışkanlıklarının bebeklikten itibaren başlatılması gerekliliğine olan inancı, Sibel Güngör'ü bebek beslenmesinde bir başucu kitabı olarak kabul edilen *Bebeğimin Beslenme Kitabı*'nı yazmaya yöneltmiştir. Tecrübelerini ve araştırmalarını bu kitapta toplayarak ülkemizde ilk defa sağlıklı beslenme ve yaşamın bebeklikten itibaren başlatılması gerektiğini vurgulamıştır.

Bebek ve çocuk beslenmesinin yanında her ailenin mutfağında pişirebileceği ulaşılabilir, ekonomik ve sağlıklı yemekler üzerinde çalışmalar yapan Sibel Güngör, sağlıklı beslenme konusunda çeşitli televizyon programları ve ülkemizin her bölgesinde, birçok ilde çeşitli seminer ve söyleşilere katılmaktadır.

Yerel yönetimlerin çağrısı ve işbirliğiyle binlerce kadına bebek ve çocuk beslenmesi, ailede ve sofrada ekonomik ve sağlıklı yemekler konulu seminerler vermektedir.

Sağlıklı beslenme konusundaki çalışmalarını yurt düzeyinde yaygınlaştırmayı hedefleyerek Türkiye genelinde anne-baba ve çocukların katılımıyla gerçekleştirilen sağlıklı ve neşeli yemek etkinlikleri düzenlemektedir.

İki çocuk annesi olan yazar Sibel Güngör, araştırmalarını, izlenimlerini ve tecrübelerini www.anneyemektenevar.com adlı bloğunun yanı sıra çeşitli dergi ve sosyal medya kanallarında paylaşmaktadır. 70 binin üzerinde organik takipçisi ile Türkiye'nin her yerinden kadın ve annelerle iletişim halindedir.

İngiltere'de Liverpool Üniversitesi Toplum Sağlığı Bölümü'nde yüksek lisans çalışmalarına devam eden Sibel Güngör, Korunmaya Muhtaç Çocuklar Vakfı'nın destekçisi ve gönüllü elçisidir.

Değerli tecrübeleri ve bilgileriyle kitabıma destek veren
Dr. Gülnihal Şarman'a gönülden teşekkür ederim.

yemek kitabına "seve seve" destek...

Bugüne kadar takip ettiğim bebeklerin anne babalarına detaylı ve güvenilir bilgiler vermeye özen gösterdim. Özellikle ek besinlere geçiş döneminde eksik ve hatalı yaklaşımların olduğunu, aynı zamanda anneler ve bebek bakanlar için ulaşılır ve güvenilir kaynakların yetersiz olduğunu, "bebek tat almaz" inancıyla her gün, her öğün aynı yemeklerin bebeklere sunulduğunu gözlemledim. Oysa bebekler daha anne karnındayken tat almaya başlarlar ve onlara değişik seçenekler sunmak gerekir. Belki de ülkemizde bebekler ile onları besleyenler arasında sıklıkla yaşanan "kaşık savaşları", bebek beslenmesine doğru yaklaşımla sona erebilir!

Sağlıklı beslenme ve yemek keyfi bebeklikte başlamalıdır diye düşünüyorum.

Bu kitapta bebeklerin gelişim dönemlerine uygun yaklaşımları ve yine bu dönemlere uygun olarak Sibel Güngör'ün titizlikle ölçülendirdiği nefis ve denenmiş bebek yemeklerini bulabilirsiniz.

DR. GÜLNİHAL ŞARMAN
Yenidoğan ve Çocuk Hastalıkları Uzmanı

benim küçük meleğim

| 6 aylık dönem |

ek besinlere başlama

Dr. Gülnihal Şarman

Yenidoğan ve Çocuk Hastalıkları Uzmanı

Bebeğinizi emzirerek veya biberonla anne sütüyle beslemeye devam ediyor bile olsanız ek besinlere 6. aydan itibaren başlamanız uygun olacaktır.

Sağlıklı gelişen ve herhangi bir sindirim problemi olmayan bebeklerde, ek besinlere 5. aydan itibaren de başlanabilir. Bu konuda bebeğinizi düzenli olarak gören uzman bir çocuk doktorunun görüşünü almanız önemlidir.

Bebeğiniz ek besinlere başlamaya hazır mı?

Bu konuda bebeğinizin davranışları size rehberlik edecektir. Onu en iyi anlayan ve hisseden kişi olarak sizin gözlemleriniz önemlidir. Aşağıda listelenen davranışlar, bebeğinizin ek besinlere geçmeye hazır olduğunun işaretleridir.

- Başını dik tutabilir ve destek alarak oturabilir.
- Etrafında yemekle ilgili bir şey gördüğünde ilgi gösterir, tepki verir ve başıyla takip edebilir.
- Kaşıkla bir şey vermeyi denediğinizde alabilir.

Anne sütü veya hazır mamaya devam mı?

Bebeğe sunacağınız öğünler ilk başta az miktarlarda olacağından, anne sütü veya hazır mamayla tamamlayabilirsiniz. Bebeği, öğünlerinden önce değil sonra emzirin, anne sütü veya hazır mamayı ek besinlerden sonra verin. Böylece kaşıkla katı gıda denemesini, bebeğinizin en iştahlı ve ilgili olduğu zaman yapmış olursunuz. Olumlu sonuç alma şansınız artar.

EK BESİNLERE BAŞLARKEN DİKKAT EDİLMESİ GEREKEN NOKTALAR

Kademeli olarak başlayın

Ek gıdaya önce tek öğün olarak ve az miktarda başlayın. Bebeğin alışma hızına göre miktar ve öğün sayısını artırın. İlk denemelerde öğün başına 30-40 ml. yani ufak bir fincan ölçüsünde başlayın, 1 ay sonra miktarı 60-70 ml. gibi ufak bir kâseye çıkabilirsiniz.

Her gün bir yeni besin deneyin

Aynı gün içinde birden fazla yeni besine başlamayın. İlk başlarda besinleri tek tek deneyin. Örneğin önce tek bir sebze seçin, daha sonra her gün yeni bir mevsim sebzesi ekleyerek devam edin. Böylece bir alerjik reaksiyonla karşılaşırsanız buna sebep olan gıdayı da öğrenmiş olursunuz.

Bebeğinizi zorlamayın!

Bebeğiniz yediği bir yiyeceği sevip sevmediğini hemen belli edecektir. Reddettiği besinleri yemeye zorlamayın. Ona zaman tanıyın. Reddettiği veya sevmediği bir besini bir hafta sonra tekrar deneyebilirsiniz.

Sabır! Sabır! Sabır!

Bebeklerde doğal olarak gelişen dili öne doğru atma refleksi, bebeğinizin ek besinlere geçişte zorlanmasına neden olabilir. Bebeğiniz her yeni denemede, besini diliyle geriye doğru itmeyi öğrenecektir. Bazı bebekler yeni tatlara açıktır ve ek besinleri çabuk benimser. Bazıları ise hiçbir rahatsızlığı olmamasına rağmen ek besinleri biraz daha yavaş kabul eder. Bebeğinizi diğer bebeklerle kıyaslamayın ve ona zaman verin.

BESİNLERİN HAZIRLANMASI VE GENEL HİJYEN KURALLARI

- Besinleri hazırlamadan önce ellerinizi bol su ve sabunla yıkayın. Kullanacağınız araç gereçlerin temiz olmasına özen gösterin.

- Bebeğin yemeklerinde kullanacağınız her malzemeyi çok iyi yıkayın.
- Yeşil yapraklı sebzeleri önce tek tek bol suyla yıkayın. Sonra 15 dakika sirkeli suda bekletip suyun içinden tek tek toplayarak alın. Böylece dibe çöken kum ve kalıntılar sebzeye tekrar karışmayacaktır.
- Hazırladığınız gıdaları bekletmeden yedirmeye özen gösterin. Ertesi gün de kullanacağınız bir yemeği fazla bekletmeden buzdolabına kaldırın.
- Saklama kaplarının cam olanlarını tercih edin. Plastik kullanıyorsanız BPA maddesi içermeyenleri tercih edin.
- Plastik ürünleri bulaşık makinesine koymayın. Bebeğiniz için kullandığınız kap, kaşık, biberon gibi gereçleri sabunla yıkayın ve bunun için ayrı bir bulaşık süngeri kullanın.

BEBEĞİN BESLENME ORTAMI VE MAMA SANDALYESİ

Nerede ve nasıl?

Bebeğinizi beslediğiniz ortam temiz ve iyi havalandırılmış olmalıdır. Sıcak, havasız ve ağır kokan ortamlarda bebeklerin iştahı kaçar, yemek istemezler.

Bebeğinize yatar pozisyonda yemek yedirmeyin. Henüz oturamıyorsa, destekle, 45 derece açıyla oturtarak yedirebilirsiniz.

Bebeğinizi, yedirdikten hemen sonra yatırmayın. Sindirmesi için ona 15-20 dakika zaman tanıyın.

Mama sandalyesi seçimi

Ek besinlere başladıktan sonra bir mama sandalyesine ihtiyacınız olacak ve bu sandalyeyi uzun süre kullanacaksınız. İşlevsel bir mama sandalyesinin özellikleri:

- Geniş tabanlı
- Bebeğin sıkışık olmadığı, kendini rahat hissedeceği
- Sallanmayan
- Zeminde kaymayan
- Güvenlik kemeri olan
- Önündeki tablası hareket edebilen
- Oturma açısı değiştirilebilen
- Rahat temizlenebilen
- Kılıfı çıkarılabilen veya silinebilen

PÜRE HAZIRLAMA

Pürenin kıvamı

İlk katı gıdalar püre şeklinde, bebeğin yiyebileceği yumuşaklıkta, ince ve akışkan kıvamda olmalıdır. Eğer hafif pütürlü verdiğinizde yutabiliyorsa hep biraz pütürlü bırakabilirsiniz. Sonraki aylarda çatalla ezerek verebilirsiniz.

Buharda pişsin, vitamini gitmesin

Bebeğinize hazırlayacağınız ek gıdalar için en sağlıklı pişirme yöntemi olarak kabul edilen buharda pişirmeyi tercih edin. Bu sayede sebze, meyvelerin vitamin ve besin değerleri korunacaktır. Buharda pişirmek için tencere içine yerleştirilen süzgeçlerden kullanabilirsiniz. Bebeklere özel veya tüm aile için kullanabileceğiniz bir buharda pişiriciyi tercih edebilirsiniz. Buharda pişirirken de mutlaka içme suyu kullanın.

Sebzeleri ilk başlarda tam yumuşamış, bebeğiniz geliştikçe de hafif diri olarak yedirebilirsiniz.

Meyve ve sebzeler metale değdiklerinde vitamin kaybına uğrar. Dolayısıyla taze meyveleri porselen veya plastik bıçakla kesip cam rende kullanarak rendelerseniz vitamin kaybını en aza indirirsiniz.

Meyve suyu: OUT!

Meyve suyu yerine meyveyi posasıyla birlikte vermenin daha faydalı olduğu tüm bilimsel kaynaklarca destekleniyor. Eski nesiller bebekleri ek besinlere meyve suyuyla alıştırırdı. Etrafınızdaki aile büyüklerinin alışkanlığı da bu yönde olabilir. Ancak sindirimi kolaylaştıran ve vitamin değeri yüksek olan lifli kısımlar meyve suyunda bulunmaz. Kaldı ki meyve suyu fazla miktarda şeker içerir ve kan şekerinde hızlı değişikliklere neden olur.

HER ŞEY HAZIRSA BAŞLIYORUZ!

Bebekler sabırsızdır. O nedenle beslenme saatlerinde, bebeği mama sandalyesine her şey hazır olunca oturtun. Hazır olmadan önce oturtursanız huysuzlanabilir. Uzun süre kalırsa canı sıkılabilir ve yemek yemeye de tepki gösterebilir.

İlk günden itibaren kullandığınız önlükler bu aşamada yeterli olmayabilir. Doğal, yumuşak ve pamuklu ürünlerden yapılan önlükleri tercih edin. Önlüğün bebeğinizin boğazını sıkmamasına özen gösterin. 6. aydan sonra sert olmayan, plastik veya muşamba önlüklere geçebilirsiniz. Bazı bebeklerin plastik ve muşamba önlüklere alerjisi olabilir. Bu konuda bebeğinizi iyi gözlemleyin.

Ağız bezi

Ek besinlere geçişle birlikte bebeğinizin ağız ve boyun bölgesini daha sık silmek zorunda kalacaksınız. Silme işlemi için yumuşak tülbent veya pamuklu ağız bezi kullanabilirsiniz. Bu işlem için sadece su kullanın ve bastırmadan silin. İlk zamanlar sık silineceği için bebeğinizin cildi biraz kızaracaktır. Yumuşak davranmaya özen göstererek bu reaksiyonun şiddetini azaltabilirsiniz. Ağız temizliğinde zorunlu kalmadıkça, ıslak mendil kullanmamaya dikkat edin.

Kaşık

Ek besinleri silikon uçlu, yumuşak bir kaşıkla vermeye başlayın. Silikon uçlu kaşıklar bebeğin dudağını çizmediği için daha rahat kullanılır. Daha önce de belirtildiği gibi elde sabunla yıkayın.

En az 3 saat öğün arası

Bebeğinizin iyice acıkmasını ve bir sonraki öğünü istemesini bekleyin. Saat aralıkları, bebeğin yediği öğünlerin miktarına ve aylara göre değişir. Genel olarak her öğün arasında en az 2,5-3 saat olmalıdır. Eğer bebeğinizin bir önceki öğününü çok az yediğini ve erken acıkacağını düşünüyorsanız beslenme saatini 15-20 dakika erkene alabilirsiniz.

Dışkı ve idrarda değişim

Ek besinlere geçişte bebeğinizin dışkısı, sindirim durumunun aynasıdır; ishale ve kabızlığa meyilli olup olmadığını, hangi gıdaları tolere edip hangilerinde sıkıntı yaşadığını ilk gösteren verilerden biridir. Bebeğinizin dışkısını iyi gözlemleyin. Eğer çalışıyorsanız bakıcısına gözlemlemesini ve not almasını söyleyebilirsiniz.

Ek besinlere başladıktan sonra dışkısının rengi, kıvamı ve kokusu yediklerine göre değişebilir. Nişastadan zengin olan patates, pirinç gibi besinler kabızlığa neden olabilir. Yeşil yapraklı sebzeler dışkının rengini koyulaştırabilir. Bu besinler kabızlığa karşı tercih edilebilir. Pancar, kırmızı havuç gibi renkli sebzeler dışkıyı kırmızıya boyayabilir. Lifi ve posası fazla olan besinler olduğu gibi çıkabilir. Bazen idrarın rengi bile değişebilir. Unutmayın ki bebeğinizin bağırsakları hâlâ gelişim sürecindedir.

Su verelim mi?

Bebeğiniz günlük besin ihtiyacını temelde anne sütü veya hazır mamadan karşılamaya devam edecektir. Ama katı besinlere geçtikten sonra öğünlerin yanında bebeğe su da verilmelidir. Biberon veya kaşıkla, öğün boyunca ara ara verebilirsiniz. Eğer isteksiz davranırsa zorlamayın. Bebekler de tıpkı yetişkinler gibi yaz aylarında kışa göre daha fazla susar ve daha çok su içer. Bebeklere 1 yaşına kadar kaynamış ılımış su verilmesi önerilir.

Besin alerjisi

Ek besinlere doğru miktarlarda, doğru besinlerle başlamak alerji açısından önemlidir. Ek besinlere bebek hazır değilken geçilirse alerjik reaksiyon olasılığı artar.

Besin alerjilerini fark edebilmek için, bebeğinizin özellikle dışkısını ve cildini yakından gözlemleyin. İshal, kabızlık, gaz, şişkinlik, ciltte kızarıklık ve döküntü, hırıltılı solunum, bulantı ve kusma alerjik reaksiyonun çeşitli belirtileridir. Sıklıkla ilk yıl görülen bu tip reaksiyonların bazıları geçici olabilir.

Aile bireylerinde alerji olması bebekte olma ihtimalini artırır. Özellikle besin alerjisi olan anne babaların bu durumu çocuk doktoruna bildirmeleri gerekir. Ebeveylerden birinde alerji varsa bebekte olma olasılığı yüzde 50, her ikisinde de varsa yüzde 75'tir.

Günümüzdeki bilgilere göre alerji riski olan bebeklerde bile ek besinlere 6. aydan sonra geçilebilir. Alerjiyi gözlemleyebilmek için ek besinlerin yavaş olarak tanıştırılması gerekir. Örneğin ailede cevize alerji varsa cevize 9. aydan sonra ve az miktarda başlamak gerekir. Cevize başlandığı günlerde yeni bir besine başlanmamalı ki besinin etkisi gözlemlenebilsin.

Gerçekten alerji mi?

Üzerinde en çok durulması gereken, bebekteki bulguların gerçekten alerji olup olmadığıdır. Ispanak, domates, portakal gibi besinleri yedirirken ağzın etrafında oluşan kızarıklıklar genel olarak alerji değil, cildin iritasyonudur. Bazen bebeğin katı gıdaya hazır olmaması annede alerji korkusu yaratabilir. Bunları alerji diye yorumlamak bebeğe gereksiz besin kısıtlamaları yapmaya neden olabilir. Reaksiyon sırasında bebeğin fotoğrafını çekerek çocuk doktorunuza danışabilirsiniz.

En çok hangi besinler alerjiye neden olur?

Klasik olarak alerji açısından "sabıkalı" bulunan sekiz besin tipi vardır. Bunlar alerjilerin yüzde 90'ından sorumludur.

1. İnek sütü
2. Soya
3. Yumurta
4. Buğday
5. Fıstık ve fıstık içeren ürünler
6. Ceviz
7. Balık (somon, ton balığı gibi)
8. Karides, yengeç, ıstakoz

Bunların dışında narenciyeler, çilek, domates, susam gibi değişik başka besinler de alerjiye neden olabilir.

Besin alerjisini önlemek için neler yapılabilir?

- Anne sütü alerji gelişimine karşı koruyucu etki gösterir.
- Ek besinlere 6. aydan sonra başlanması önerilmektedir.
- Yeni besinler tek tek denenmelidir. Şüpheli besinler denenirken 3 gün yeni bir besin verilmemelidir.
- İnek sütü 1 yaşından önce verilmemelidir. Eğer hazır mamaya geçilecekse çocuk doktoruna danışılmalıdır. Egzama sorunu yaşanıyorsa protein yapısı basitleştirilmiş hazır mamalar verilmelidir.
- Ailede alerji yaşanıyorsa doktora bildirilmelidir.

Besin alerjisi olduğu saptanırsa nasıl bir yol takip edilmeli?

Orta ağır bir alerjik reaksiyon geçiren bebek, çocuk alerji uzmanı tarafından takip edilmelidir. İlk yapılacak şey, bu besinlerin bebeğin menüsünden tamamen çıkarılmasıdır. Sunulmayan besine olan alerjik yanıt zaman içinde söner. Alerjinin geçip geçmediği belirli aralıklarla yapılan cilt veya kan testleriyle takip edilmelidir.

Annelere düşen en önemli görev, besin etiketlerini okumayı öğrenmektir. Bebeğin bakımına katılanları da bu konuda eğitmek gerekir. "Acaba alerjisi geçti mi?" sorusuna yanıtı doktorunuzla bulmanız gerekir.

Bir yaşından önce vermeyin!

- İnek sütü
- Bal
- Yumurta akı
- Tuz, şeker

İLK TAHILLAR

Hazır tahıl tozları kullanabilirsiniz. Vitamin değerleri artırılmış ve organik tahıl ürünlerini tercih edebilirsiniz.

Önce pirinç tozu *(baby rice)* veya yulaf tozu *(oatmeal)* ile başlayıp 9. aydan itibaren karışık tahıl tozlarına geçilmelidir. Bunlar kıvam sağlayıcı olarak hem kahvaltıda hem diğer öğünlerde kullanılabilir. Bu tozlar oda sıcaklığında karıştırılarak kullanılmalı, pişirilmemelidir. Şekerli karışımlar veya bebe bisküvisi yerine, şekersiz olan bu ürünlerin kullanılması daha sağlıklıdır.

Tahıl Seçimi

Bebeğinize hangi tahılı, ne zaman verebilirsiniz?

Tahıllar nelerden zengin?

Hemen bütün tahıllar B grubu vitaminler açısından çok zengindir (B12 hariç). Tahıllardaki vitamin içeriği farklılıklar gösterir. Bebek beslenmesinde tahılları önce tek, sonra karışık olarak vermek daha doğru olur.

Alışılagelmişin dışında son yıllarda işlenmemiş tahılların kullanılması öneriliyor. Beyaz pirinç yerine esmer pirinç tercih edilmeli, beyaz un yerine un katılan yemeklerde tam buğday unu tercih edilmelidir.

Hangi sırada, hangi tahıl uygun?

Pirinç ve yulaf ilk seçilen tahıllardandır. Bebeğin sindirim durumuna uygun tahılın seçilmesi önemlidir.

Dikkat edilmesi gereken bir durum, tahıl proteini olan glutene karşı oluşabilecek alerjidir. Bu duruma çölyak hastalığı denir.

İLK SEBZE VE MEYVELER

Bebeğinize vereceğiniz ilk katı gıdaların sebze püreleri olması önemlidir. Tüm bebekler şekerli tatları daha çabuk kabul eder ve yer; fakat sağlıklı gelişen her bebeğin ek besinlere önce saf tatlarla başlaması önerilir. Bu sebeple ilk vereceğiniz pürelerin çok tatlı olmamasına, önce sebze püreleriyle başlamaya özen gösterin. Daha sonra meyve püreleriyle devam edebilirsiniz. Meyve pürelerinin içine bebe bisküvisi, pekmez, bal gibi ekstra tatlandırıcılar eklemeyin. Eğer amacınız doyuruculuğu artırmaksa pürelere, özellikle meyve pürelerine bebe bisküvisi yerine muz veya pirinç, yulaf gibi çeşitli tahıl tozlarını karıştırabilirsiniz.

- Bebeğinize vermeye başlayacağınız ilk meyve ve sebzeler sindirimi en kolay olan ve alerjik reaksiyon riski taşımayanlar olmalıdır.
- Mevsim meyve ve sebzelerini kullanın. Kış bebeği ve yaz bebeğinin başlangıç sebzeleri farklı olmalıdır. Konserve veya dondurulmuş ürünler kullanmayın.

glutenli tahıllar

(Çölyak hastalarına verilmemeli)

- Arpa
- Buğday
- Bulgur
- Kuskus
- İrmik
- Çavdar
- Buğday kepeği
- Yulaf (az miktarda gluten içerir)

glutensiz tahıllar

(Çölyak hastalarına kullanılabilir)

- Pirinç
- Kinoa
- Soya
- Akdarı
- Patates
- Mısır
- Keten tohumu
- Nohut

İlk Sebzeler

Patates

Bebeğinize verebileceğiniz ilk sebzelerden biridir. Önceleri çorba ve püre formundaki yemeklerde, ilerleyen zamanlarda tek başına, yemek olarak vermeye başlayabilirsiniz. İshale iyi gelir ama kabızlığı artırabilir.

Havuç

Bebeğinize başlayabileceğiniz ilk sebzelerdendir. Özellikle püre ve çorba formundaki ilk yemeklerde kullanabilirsiniz. Ayrıca havucu bebeğinizin eline az haşlanmış veya çiğ olarak da verebilirsiniz.

Kabak

Bebeğinize verebileceğiniz ilk yaz sebzelerindendir. Alerjik reaksiyon veya gaz yapma riski en düşük olanlardandır. Bebek için hazmı kolay ve tadı hafiftir.

Brokoli

Bebeğinizin yemeklerindeki sebze çeşitliliğini artırabileceğiniz faydalı sebzelerden biridir. Başlarda bebeğinizin sebze çorbasına 1-2 brokoli çiçeği koyabilir, ilerleyen zamanlarda brokoli çorbası veya haşlanmış sebze olarak da yedirebilirsiniz.

Kereviz

Bebeğinizin ilk püre ve çorbalarına koyabilirsiniz. Baskın bir tadı olduğu için başlarda az miktarda ekleyerek başlayın. Özellikle sebze alternatifinin azaldığı kış mevsiminde rahatlıkla kullanabilirsiniz. İlerleyen zamanlarda zeytinyağlı kerevizi de çatalla ezerek bebeğinize yedirebilirsiniz.

Ispanak

Püre ve çorbalara ekleyebilirsiniz. 8. aya doğru, bebeğinizin gelişimine göre, ıspanak yemeğini çatalla ezerek yedirebilirsiniz.

Pazı

Bebeğinizin sebze püresi ve çorbasında kullanabileceğiniz yeşil yapraklı sebzelerdendir. 9. aydan itibaren de pazı dolması olarak hazırlayıp çatalla ezerek bebeğinize yedirebilirsiniz.

Yerelması

Kış mevsiminde kullanabileceğiniz faydalı ve lezzetli sebzelerden biridir. Bebeğinizin çorbasına katarak sebze çeşitliliğini artırabilir; aynı zamanda havuç ve pirinçle pişirerek yemeğini de yedirebilirsiniz.

Balkabağı

Sonbahar ve kış mevsiminde kullanabileceğiniz lezzetli sebzelerden biridir. Balkabağını hem püre hem çorba olarak bebeğinize verebilirsiniz.

Enginar
İlkbahar ve yaz döneminde bebeğinize verebileceğiniz çok faydalı sebzelerden biridir. Enginarı önce çorba veya püre olarak vermeye başlayabilirsiniz. Tercihen mevsiminde taze enginar kullanın.

Bezelye
İlkbahar ve yaz döneminde çorba ve pürelerde kullanabileceğiniz lezzetli sebzelerden biridir. Bebeğinizin gelişimine göre 1,5 yaşına doğru bezelye yemeği olarak da yedirmeye başlayabilirsiniz.

İlk Meyveler
Elma
Elma hazmı en kolay ve alerjik reaksiyon riski en düşük meyvelerden biridir. Bebeklere önerilen başlangıç gıdalarının en başında gelir. Ülkemizde çeşidi en bol meyvedir. Bebeğinize vereceğiniz elmanın mevsiminde, tatlı, doğal ve yerli olmasına dikkat edin.

Armut
Sindirimi daha çok çalıştırdığı için armut özellikle kabızlığa yatkın bebeklere iyi gelir. Bebeğiniz ishalken armut vermeyin. Mevsimine göre olmuş, yumuşak Ankara armudu veya deveci armudu kullanın. Mümkünse sadece mevsiminde ve organik olanları kullanmaya özen gösterin.

Kayısı
Mevsiminde olgun, taze kayısı bebeğinizin çok seveceği bir tat olacaktır. Taze kayısıyı elma veya şeftali püresiyle de karıştırabilirsiniz. Kabızlığa çok iyi gelir. Kış aylarında kabızlık çeken bebeklere kuru kayısıyı da püre olarak verebilirsiniz. Durumunu ağırlaştırabileceğinden bebeğiniz ishalken kayısı vermeyin.

Şeftali
Mevsiminde olgun, taze şeftali bebeğinizin çok seveceği tatlardandır. Yaz aylarında ilk başlanan meyve olabilir. Bebeğinize vereceğiniz şeftalinin ham ve ekşi olmamasına dikkat edin. Bebeğiniz ishale meyilli ise kayısı yerine şeftaliyi tercih edin. Eğer kabızlığa meyilli ise şeftaliyi kayısı veya armutla karıştırarak verebilirsiniz.

Muz
Sindirimi zor bir meyvedir, ilk başlarda kabızlığa sebep olabilir. Elma ve armudu deneyip bebeğinizin rahatlıkla hazmettiğinden emin olduktan sonra muz vermeye başlayabilirsiniz. Başlangıç olarak birkaç dilim yeterli olacaktır. Armut gibi sulu ve yumuşak bir meyve püresine karıştırarak verebilirsiniz. Yoğurdun içine karıştırarak veya hazır mamayla yumuşatarak akışkan bir püre halinde deneyebilirsiniz.

Trabzonhurması
Trabzonhurmasını mevsiminde, 9. aya doğru bebeğinize püre olarak verebilirsiniz. Olgun ve yumuşak olanlarından seçin. Hurmanın içinde birkaç çekirdek olur, içini iyi temizleyerek kullanın. Lifli ve yapışkan bir yapısı olduğu için robottan geçirdikten sonra uygun püreyi yapabilirsiniz.

Turunçgiller
Kivi, portakal, mandalina gibi meyveleri 9. aydan sonra küçük miktarlarda vermeye başlayabilirsiniz. Özellikle olgun ve tatlı olanlarından kullanmaya özen gösterin.

Üzüm
Mevsiminde, olgun ve tatlı, beyaz veya siyah üzümü 9. aydan itibaren kullanabilirsiniz. Taze meyve pürelerinin içine suyunu sıkıp ekleyebilir veya çekirdeklerini çıkarıp robottan geçirerek püre olarak verebilirsiniz. Bebeğinize üzüm yedirirken veya üzümlü bir karışım hazırlarken çekirdeklerini çıkarmaya özen gösterin.

Avokado
9. aya doğru bebeğinize avokado vermeye başlayabilirsiniz. Avokado yumuşak ve yağlı bir kıvamdadır. Bebeğinizin kakasını yumuşatabilir. Avokado bazı bebeklere ağır gelebilir. Tek başına püre olarak vermek yerine muz ve pekmezle robotta püre yaparak yedirebilirsiniz. Miktar olarak 1-2 ince dilim eklemeniz yeterlidir.

ilkbahar ~ yaz

SEBZELERİ	MEYVELERİ
• Kabak	• Şeftali
• Havuç	• Kayısı
• Patates	• Elma
• Enginar	• Karpuz
• Semizotu	• Kavun
• Taze fasulye	• Siyah ve beyaz üzüm
• Bezelye	• Tatlı mürdüm eriği
	• Taze incir
	• Karadut

sonbahar ~ kış

SEBZELERİ	MEYVELERİ
• Patates	• Elma
• Havuç	• Armut
• Balkabağı	• Muz
• Kereviz	• Trabzonhurması
• Brokoli	• Kivi, portakal, mandalina
• Pazı ve Ispanak	
• Yerelması	

kabızlığa iyi gelen besinler

SEBZELER	MEYVELER
• Kabak	• Armut
• Pazı	• Kayısı
• Ispanak	• Kavun
• Maydanoz	• Karpuz
• Dereotu	• Tatlı mürdüm eriği
• Yeşil yapraklı sebzeler	

ishale iyi gelen besinler

SEBZELER	MEYVELER
• Patates	• Elma
• Havuç	• Muz
• Tahıllardan Pirinç	• Şeftali

alternatif başlangıç püreleri

YAZ İÇİN	KIŞ İÇİN
• Kabak ~ Havuç ~ Patates	• Havuç ~ Patates
• Kabak ~ Havuç ~ Semizotu	• Havuç ~ Patates ~ Brokoli veya Kereviz
• Pirinç ~ Havuç ~ Semizotu	• Havuç ~ Patates ~ Ispanak veya Pazı
• Havuç ~ Patates ~ Taze fasulye	• Balkabağı ~ Patates ~ Maydanoz

- *Her sebze karışımına 1-2 dal maydanoz veya dereotu ekleyebilirsiniz.*

ilkbahar ve yaz bebeği için sebzeler

Yaz dönemi bebekleri kabak, patates ve havuçla başlayıp semizotu, taze fasulye, bezelye, enginarla devam edebilirler. Yaz döneminde bebeğiniz için hazırlayacağınız tüm yemeklerde domates, soğan ve sarmısak kullanabilirsiniz. Bazı yaz sebzelerini buzluğa koyarak kış döneminde de bebeğiniz ve aileniz için kullanabilirsiniz.

ilkbahar ve yaz bebeği için meyveler

Yaz dönemi bebekleri elma, armut, şeftali ve kayısıyla meyve pürelerine başlayıp yazın diğer meyvelerini de tadabilirler. Karpuz, kavun, siyah ve beyaz üzüm (çekirdeği çıkarılmış olarak), karadut, beyaz dut yedirebilirsiniz.

sonbahar ve kış bebeği için sebzeler

Kış dönemi bebekleri havuç, patates, kereviz, ıspanak, balkabağı, brokoli, yerelması yiyebilirler. Kış döneminde ev yapımı ve tuzsuz salça veya domates püresi kullanabilirsiniz. Soğan, sarmısak, maydanoz ve dereotu gibi yeşillikleri kullanabilirsiniz.

sonbahar ve kış bebeği için meyveler

Kış bebekleri elma, armut, muz, trabzonhurması yiyebilirler. Kış elmalarının hepsini, ekşi olmaması koşuluyla kullanabilirsiniz. İlerleyen zamanlarda portakal, çekirdeksiz mandalina ve kivi vermeye başlayabilirsiniz.

6 aylık

1 porsiyon | 20 dk. | yaz ~ kış

havuç ~ patates püresi

- 1/2 küçük havuç
- 1/2 küçük patates
- 1-2 dal maydanoz
- 1 çay kaşığı zeytinyağı
- 250 ml. su

Yapılışı

- Havucu ve patatesi küp doğrayın.
- Maydanozu ince kıyın.

Buharda

- Sebzeleri buharda pişirme haznesine koyun. Üzerine 1 çay kaşığı zeytinyağı gezdirin. Sebzeler yumuşayana kadar 20 dakika pişirin. 1-2 çorba kaşığı ılık suyla robottan geçirerek veya çatalla ezerek püre haline getirin.

Tencerede

- Sebzeleri küçük bir tencereye koyun. Üzerine 1 çay kaşığı zeytinyağı gezdirip suyunu ekleyin ve kısık ateşte 20 dakika pişirin. Gerekirse biraz ılık su ekleyerek pişen sebzeleri püre haline getirin.

1 porsiyon | 20 dk. | kış

sebze püresi

- 1/4 küçük havuç
- 1/4 küçük patates
- 1-2 minik brokoli çiçeği
- 1-2 yaprak ıspanak
- 1 tatlı kaşığı pirinç
- 1 tatlı kaşığı zeytinyağı
- 250 ml. su

Yapılışı

- Havuç ve patatesi küp doğrayın.
- Ispanak yapraklarını tek tek yıkayın.

Buharda

- Pirinci önceden küçük bir kapta 1/2 çay bardağı suyla 10 dakika haşlayın. Hazırladığınız sebzeleri ve yarı haşlanmış pirinci buharda pişirme haznesine koyun. Sebzelerin üzerinden 1 tatlı kaşığı zeytinyağı gezdirin. Sebzeler yumuşayana kadar 20 dakika buharda pişirin. 2-3 çorba kaşığı ılık suyla haşlanmış sebzeleri püre yapın.

Tencerede

- Hazırladığınız sebzeleri küçük bir tencereye koyun. Üzerine pirinci ekleyip zeytinyağını gezdirin. Suyunu ekleyip tüm sebzeler yumuşayana kadar kısık ateşte 20 dakika pişirin. Haşlanmış sebzeleri yumuşak bir kıvamda püre yapın.

6 aylık

1 porsiyon | 20 dk. | yaz

kabak püresi

1/2 küçük kabak
1/2 küçük havuç
1 tatlı kaşığı pirinç
1 tutam dereotu
1 çay kaşığı zeytinyağı
250 ml. su

Yapılışı

- Kabak ve havucu küp doğrayın.
- Dereotunu ince kıyın.

Buharda

- Sebzeleri buharda pişirme süzgecine koyun. Pirinci önceden 1/2 çay bardağı suyla 10 dakika haşlayın. Süzmeden sebzelerin üzerine ekleyip üzerine zeytinyağı gezdirin ve 20 dakika pişirin. 1-2 çorba kaşığı ılık suyla çatalla ezerek veya robottan geçirerek yumuşak kıvamlı püre haline getirin.

Tencerede

- Sebzeleri ve pirinci küçük bir tencereye alın. Zeytinyağını ve suyunu ilave edin. Sebzeler yumuşayana kadar 20 dakika kısık ateşte pişirin. Gerekirse biraz ılık su ekleyerek püre yapın.

Notlar

- *Ek gıdalara başladığınızda bebeğinize vereceğiniz ilk püreleri yağsız yapın. Bir-iki hafta içinde 1 çay kaşığı, daha sonra 1 tatlı kaşığı zeytinyağı ekleyebilirsiniz.*

6 aylık

1 porsiyon | 20 dk. | yaz

sebze püresi

1/4 küçük havuç
1/4 küçük patates
1/4 küçük kabak
1-2 dal maydanoz

1 tatlı kaşığı pirinç
1 tatlı kaşığı zeytinyağı
250 ml. su

Yapılışı

- Havuç, patates ve kabağı küp doğrayın.
- Maydanozu ince kıyın.

Buharda

- Pirinci önceden küçük bir cezvede 1/2 çay bardağı suyla 10 dakika haşlayın.
- Hazırladığınız sebzeleri buharda pişirme haznesine koyun.
- Pirinci sebzelerin üzerine ekleyip 1 tatlı kaşığı zeytinyağı gezdirin.
- Sebzeler yumuşayana kadar 20 dakika pişirin.
- 2-3 çorba kaşığı ılık suyla haşlanmış sebzeleri püre yapın.

Tencerede

- Hazırladığınız sebzeleri küçük bir tencereye alın.
- Üzerine pirinci koyun, zeytinyağını gezdirin, suyunu ekleyin.
- Tüm sebzeler yumuşayana kadar kısık ateşte 20 dakika pişirin.
- Haşlanmış sebzeleri yumuşak bir kıvamda püre yapın.

Notlar

- *Yukarıdaki tarife dönüşümlü olarak eklenebilecek yaz sebzeleri 4-5 yaprak semizotu, 1 tatlı kaşığı bezelye, 1-2 adet taze fasulye olabilir.*

6 aylık

1 porsiyon | 10 dk. | yaz - kış

elma püresi

1/2 küçük elma

Yapılışı

- Elmanın kabuğunu soyup çekirdekli ve sert kısmını bıçakla temizleyin.
- Bekletmeden cam rendede rendeleyin.
- Rendelenmiş elmayı rendede kalan suyuyla birlikte bir kâseye koyup yine bekletmeden yedirin.

1 porsiyon | 10 dk. | yaz

şeftali püresi

1/2 küçük şeftali (olgun ve yumuşak)

2-3 dilim muz veya 1 tatlı kaşığı hazır tahıl karışımı

Yapılışı

- Şeftalinin kabuklarını soyun, çekirdek kısmını temizleyin, cam rendeden geçirin veya çatalla ezin.
- 2-3 dilim muzu çatalla ezerek içine karıştırın.
- Muz yerine 1 tatlı kaşığı hazır tahıl karışımı ekleyebilirsiniz.

1 porsiyon | 10 dk. | yaz - kış

armut püresi

1/2 küçük olgun armut

Yapılışı

- Armudun kabuğunu soyun, çekirdeğini ve sert kısımlarını çıkarın.
- Cam rendede rendeleyin. Bekletmeden suyuyla birlikte yedirin.

önemli notlar...

- Meyve ve sebzeler metale değdikleri anda vitamin kaybına uğrarlar. Meyve püresi hazırlarken seramik bıçak, plastik bıçak ve cam rende kullanmayı tercih edin.
- Elma ve armut püresini ayrı ayrı denedikten sonra ikisini karıştırarak verebilirsiniz.
- Bebeğiniz ishalken armut ve kayısı vermeyin; elma ve şeftali verebilirsiniz.
- Bebeğiniz kabızlığa meyilliyse armudu, taze ve kuru kayısı püresini rahatlıkla verebilirsiniz.

80
60
40
20

6 aylık

1 porsiyon | 10 dk. | yaz

kayısı püresi

2 adet olgun taze kayısı

Yapılışı

- Kayısıların kabuklarını soyun.
- Ortadan ikiye bölüp iç kısmını temizleyin.
- Kayısılar çok olgun ve yumuşaksa çatalla iyice ezerek püre yapın.
- Cam rende kullanarak da püre haline getirebilirsiniz.

Notlar

- *Bebeğiniz ishalse kuru veya taze kayısı püresi vermeyin.*
- *Bebeğiniz tam olarak ishal değil fakat ishale meyilliyse kayısıyı ölçülü verin. Örneğin muz ve elmayla karıştırarak vermeyi deneyebilirsiniz.*

1 porsiyon | 10 dk. | yaz

kayısı ve muz püresi

2 adet olgun taze kayısı

2-3 dilim muz

Yapılışı

- Kayısıların kabuklarını soyun ve iç kısmını temizleyin.
- Cam rende kullanarak veya çatalla ezerek püre haline getirin.
- İçine muz dilimlerini ekleyin, pürüzsüz hale gelinceye kadar iyice ezin.
- Püre katı olursa,içine birkaç damla kaynamış ılımış su veya anne sütü ekleyerek akışkan bir kıvama getirin.

Notlar

- *Meyve püresinin doyuruculuğunu artırmak için, içine hazır tahıl tozu veya bir ölçek hazır mama ekleyebilirsiniz.*

6 aylık

1 porsiyon | 10 dk. | yaz - kış

elma kompostosu

1 küçük elma

Az miktarda su

Yapılışı

- Elmanın kabuğunu soyun, çekirdekli kısmını temizleyip dilimleyin.
- Bir sos tenceresine elmaları koyun, üzerine 4-5 çorba kaşığı içme suyu ilave edin. Kısık ateşte 7-8 dakika pişirin.
- Pişen elmayı püre yaptıktan sonra kıvamına göre haşladığınız sudan ilave edebilirsiniz.

Notlar

- *İleride bu kompostoyu 1/2 çubuk tarçın kullanarak da pişirebilirsiniz. Veya pişen elmanın üzerine az miktarda toz tarçın ekleyebilirsiniz.*
- *Sindirim sistemi hassas olan bazı bebeklerde çiğ meyve püresi ilk başlarda gaz yapabilir. Bu durumda meyveleri önce az miktarda suyla tencerede veya buharda pişirip bebeğinize verebilirsiniz.*
- *Meyveleri önce tek tek, sonra tatları uyumlu olacak şekilde 1-2 meyve bir arada pişirebilirsiniz.*
- *Taze ve kuru meyveleri bir arada kullanarak da komposto hazırlayabilirsiniz.*

6 aylık

6 porsiyon | 15 dk. | yaz - kış

karışık meyve kompostosu

50 gr. kuru kayısı
50 gr. tatlı kuru erik
1 orta boy tatlı elma
1 orta boy armut veya
3 adet olgun taze kayısı
1 adet çubuk tarçın
500 ml. su

Yapılışı

- Kuru kayısı ve kuru eriği doğrayın.
- Elma ve armudu soyun, çekirdek kısımlarını temizleyin, küp doğrayın.
- Armut değil taze kayısı kullanacaksanız soyup çekirdekli kısmını temizleyin.
- Kuru ve taze meyveleri birlikte bir sos tenceresine koyun, suyunu ekleyin.
- Arzuya göre içine küçük bir parça çubuk tarçın ekleyebilirsiniz.
- 10-15 dakika kısık ateşte kaynattıktan sonra meyveleri alın.
- Üzerine tencerede kalan haşlama suyundan bir miktar katarak robottan geçirin.

Notlar

- *Bebeğinize kuru ve taze meyvelerle hazırlayacağınız kompostonun hem suyunu hem püresini verebilirsiniz.*
- *Tarifteki püreyi bebeğinizin kahvaltı karışımına, ara öğünde vereceğiniz meyve püresine veya hazır mamasına karıştırabilirsiniz. Özellikle kabızlığa yatkın olan bebekler için çok faydalı olacaktır.*

6 aylık

1 porsiyon | 20 dk. | kış

balkabağı püresi

30 gr. temizlenmiş, soyulmuş ve küp doğranmış balkabağı

3 çorba kaşığı su

Arzuya göre toz tarçın

Yapılışı

Buharda

- Balkabağını buharda pişirme haznesine koyup 20 dakika pişirin.
- 1-2 kaşık ılık suyla çatalla ezerek veya robotta püre yapın.

Tencerede

- Balkabağını, küçük bir tencerede az su ekleyerek, ezilebilir kıvamda yumuşayana kadar kısık ateşte pişirin.
- Çatalla ezerek püre yapın.
- Arzuya göre üzerine çok az tarçın ilave edebilirsiniz.

1 porsiyon | 20 dk. | kış

balkabağı ve elma püresi

30 gr. temizlenmiş, soyulmuş balkabağı

1/2 elma

3-4 çorba kaşığı su

İsteğe göre toz tarçın

Yapılışı

- Elmayı soyun, çekirdeklerini temizleyip dörde bölün.
- Balkabağını küp şeklinde doğrayın.
- Birlikte buharda veya az su ekleyerek tencerede pişirin.
- İsterseniz pişerken az tarçın ekleyebilirsiniz.
- Balkabağı ve elma tam olarak yumuşadığında çatalla ezerek veya robottan geçirerek bebeğinize yedirebilirsiniz.

Notlar

- *Balkabağı püresini elma, armut, şeftali, kayısı gibi taze meyvelerle karıştırarak bebeğinize yedirebilirsiniz.*

| 6 ~ 9 aylık dönem |

ek besinlerde ilerleme

6 ay boyunca sadece anne sütü ya da hazır mamayla beslediğiniz bebeğinizin sindirim sistemi artık farklı besinlerle tanışmaya hazırdır.

Bazı bebekler 5. ayda hazır olabilir. Erken dönemde ek besinlere başlama konusunda detaylı bilgileri 6 Aylık Dönem-ek besinlere başlama bölümünün başında bulabilirsiniz. Bu bölüme dönerek başlama yöntemleriyle ilgili bilgi edinebilirsiniz.

6-9 AYLARDA BEBEĞİN GELİŞİMİ

Gözü sizin yediğinizde mi?

Bu dönemde bebeğinizin gözlem becerileri artar. Bu dönem bebeği özellikle siz yemek yerken takip edebilir. Bebeğinizin bu davranışı ek gıdalarla tanışmaya istekli olduğunu gösterir.

Önündeki besinleri ezip püre yapar

Bebeğin parmak ve el becerileri bu aylarda artar. Besinleri ellemek bebeklerin yemek yemeye geçişini kolaylaştırır. Değişik kıvamdaki besinleri kavraması ve buna alışması gerekir. Her öğün önüne, eline alabileceği şekilde birkaç besin parçası koyun. Örneğin kabak püresi verecekseniz uzunlamasına kesilmiş bir kabak parçasını da önüne bırakın. İlk zamanlar avcunda ezip ağzına götüremeyebilir. Ancak eliyle ezip ufalaması bile besine alışmasına yardımcı olur.

Elle kavrayabilir

Bebeğinizin parmaklarıyla kavrama becerisi gelişir. Yemek zamanları, ince motor hareketlerinin gelişmesi için çok iyi bir fırsattır.

Dik oturabilme

6.-7. aylarında bebekler henüz desteksiz oturamaz. Desteksiz otururken öne ve yana eğilip düşüyorsa henüz mama sandalyesine hazır olmayabilir. Bu durumda anakucağında besleyebilirsiniz. Desteksiz oturmayı çoğu bebek 7,5 aylıkken becerir. Desteksiz oturma süresi uzadıkça mama sandalyesinde de daha rahat oturacaktır.

Kaşıkla beslenmeye hazır mı?

Bebeğin kaşıkla beslenmeye hazır olması çok önemlidir.

Öğünler nasıl geliştirilecek?

Ek besinlere geçerken öğün sayısını ve içeriğini kademeli olarak ilerletmelisiniz.

Örnek: Birinci hafta sabah öğünüyle başlayabilir izleyen haftalarda ara öğün ve öğlen öğünlerine geçebilirsiniz.

7. aya gelen bebek, en az üç öğün ek besin alabilir. 8. aya gelen bebek için akşam öğününe başlanabilir.

Öğünler ne kadar olmalı?

İlk öğünleri ilk haftalarda 40-50 ml. (bir fincan kadar) olabilir. Bir ay sonra yavaş yavaş artarak 100 ml'ye ulaşabilir.

Yedi aylık bir bebeğe 50-100 ml'lik öğünler vermek yeterlidir. Beslenmesinin sadece yüzde 30-40'ını katı besinler oluşturmalıdır. Bebeğiniz anne sütü veya hazır mama almaya bu dönemde devam etmelidir.

Başlangıçta az yiyorsa öğün sonlarında veya uykularından önce emzirin veya sağılmış sütünüzü ya da hazır mamasını biberonla vermeye devam edin.

Püreleri ne kadar pütürlü olsun?

Soluk borusuna kaçar korkusuyla bebeklere aylarca "pütürsüz, mükemmel püreler" verilmesi doğru değildir. Kolay kusmayan bebeklere pütürlü püreler vermek yerinde olur. Bebek pütürlerle yutmayı öğrenecektir. İlerleme sırası önce pürüzsüz püre ve çorba, sonra yumuşak pütürlüler ve küçük parçalar şeklinde olabilir. Pütürlü vermeye başlamak için dişinin çıkmasını beklemenize gerek yoktur.

ÖRNEK MENÜLER

I. HAFTA

Sabah öğünü: Kahvaltı karışımı

Pirinç en az alerjik besin olduğu için ilk önerilen tahıl katkısıdır. Tahıl proteini olarak da yararlıdır. Gluten içermez. Bebekler için özel olarak hazırlanmış, mineral ve vitaminlerden zenginleştirilmiş pirinç tozu (baby rice) kullanabilirsiniz. Pirinç tozunu anne sütüne veya hazır mamaya ekleyebilirsiniz.

İnek sütüyle hazırlanan pirinç unlu veya nişastalı muhallebiler bir yaşına kadar bebeklere önerilmemektedir. Bebekler için besin değeri artırılmış tahılların kullanılması daha faydalıdır.

II. HAFTA

Öğlen: Sebze püreleri

Sebzelere, kademeli ve yavaş geçişler yapın.

- İlk hafta tek sebze
- İkinci hafta karışık sebze
- Üçüncü hafta karışık sebze ve et
- Dördüncü hafta dönüşümlü olarak etli veya tavuklu karışık sebze

Sebzeleri hazırlarken 'çok karışık' olmamasına özen gösterin. Her sebzeyi her gün yemesi gerekmez. Sebzeleri birbiriyle uyumlu, lezzetli olacak şekilde karıştırmaya özen gösterin.

Püreleri bir tatlı kaşığı organik zeytinyağıyla hazırlayabilirsiniz.

Ek gıdalara başladıktan 2 hafta sonra yağsız dana veya kuzu eti eklenebilir.

III. HAFTA

Öğleden sonra: Meyve püresi

Meyveleri önce tek tek, cam rendeden geçirerek verin. Mevsime uygun meyveler tercih edin.

Meyve çok sulu olursa pirinç/yulaf gibi tahıl tozu veya 1-2 dilim muz ekleyerek koyulaştırabilirsiniz.

Öğünler ve saatler nasıl belirlenmeli?

Öğünlerine,bebeğiniz açken kaşık denemeleriyle başlayın ve sonrasında emzirin. Veya önce emzirip birkaç saat sonra öğününü verebilirsiniz. Örneğin sabah 07:00'de uyanan bebeğinizi biraz emzirip kahvaltı öğününü 09:00'da verebilirsiniz.

Öğünlerini fazla hazırlamayın. 6-7 aylık bir bebek, öğünlerinde ancak 50-100 ml. kadar tüketebilir.

6 ~ 7 ay arası örnek menü

SABAH

- Kahvaltı karışımı
  (ilk haftalar 50 ml. - sonrasında 100 ml.)
- Anne sütü veya hazır mama

ÖĞLE

- Sebze püresi
  (ilk haftalar 50 ml. - sonrasında 100 ml.)
- Anne sütü veya hazır mama

ÖĞLEDEN SONRA

- Meyve püresi
  (ilk haftalar 50 ml. - sonrasında 100 ml.)

AKŞAM

- Anne sütü veya hazır mama

GECE

- Anne sütü veya hazır mama

7-8 AYLARDA BESLENME

Besinlerin kıvamı daha yoğun ve orta derecede pütürlü olabilir. Artık yutmaya ve kaşığa alıştıysa öğünlerini biraz artırarak 75-100 ml'ye çıkarabilirsiniz.

Peynire başlama

Bebeğiniz ilk kahvaltısıyla beraber peynirle tanışacaktır. Tadacağı ilk peynir kesinlikle tuzu alınmış, ağır ve baskın bir kokusu olmayan, hafif bir peynir olmalıdır. Bir kibrit kutusu kadar, tuzu alınmış beyazpeynirle başlayabilirsiniz.

Yüzde 100 keçi sütü veya yüzde 100 koyun sütüyle hazırlanan peynirlerin tadı ve kokusu ağır olur, bebekler için uygun değildir.

Yüzde 50 keçi, yüzde 50 inek sütü karıştırılarak yapılan peynir kullanabilirsiniz.

Ülkemizdeki peynirler genellikle tuzludur. Kullanacağınız peyniri en az bir gün önceden, tercihen kapaklı cam bir kapta ve az miktarda içme suyunda bekleterek tuzunu alın.

Yumurtaya başlama

Bebeklere, gelişimine göre 6. veya 7. aydan itibaren tam haşlanmış yumurta sarısı verilmeye başlanabilir.

1 yaşından sonra yumurtanın akını da vermeye başlayabilirsiniz. Bir bebek porsiyonu için başlangıçta 1/4 yumurta sarısı kullanın, birkaç hafta içinde 1/2 yumurta sarısına çıkın.

Yumurtayla ilgili dikkat edilecek diğer bir nokta, gün içinde menüsünde ne kadar yumurta olduğudur. Örneğin sabah kahvaltısında yumurta yediyse öğlen veya akşam yemeklerinde yumurtasız menüler hazırlamak gerekir.

Pekmez

Bebeklere 1 yaşına kadar şeker önerilmediği için tatlandırıcı olarak pekmez kullanılabilir. Süt ürünleriyle birlikte kullanıldığında pekmezin içindeki demirin emiliminin azaldığı unutulmamalıdır.

Başlangıç olarak üzüm pekmezini tercih edebilirsiniz. Dut pekmezi, keçi boynuzu pekmezi biraz daha yoğun ve buruk bir tada sahiptir. Bunları bebeğiniz büyüdükçe deneyebilirsiniz, fakat özellikle tadı çok yoğun olanları tercih etmeyin. Unutmayın, bebeğinize vereceğiniz her şeyin tadı iyi olmalıdır.

Bebek yemeklerinde yağ kullanımı

Bebeğinize pişireceğiniz ilk yemeklerde doğal sızma zeytinyağı kullanmanız en idealidir. Tavuk veya et suyu kullanıyorsanız yemeğin çok yağlı olmamasına dikkat edin. 6-9 ay döneminde bir bebek porsiyonu için 1 tatlı kaşığı zeytinyağı yeterli olacaktır.

Bebeğiniz için hazırlayacağınız yemeklerde yağı yakmadan kullanmaya dikkat edin.

Yemeği buharda pişirecekseniz, zeytinyağını malzemenin üzerine gezdirin ve yemek piştikten sonra ekstra yağ eklemeyin.

Bebeğinizin kahvaltısına, sebze pürelerine veya çorbasına tereyağı ekleyebilirsiniz. Kahvaltıda tereyağı verebilir, yakışan bazı yemeklere tereyağı ekleyebilirsiniz. Kullanacağınız miktar tadı bozmamalı ve ağırlaştırmamalıdır. Eğer tereyağı kullanacaksanız, çok baskın bir kokusu olmayan tuzsuz ve hafif bir tereyağını tercih edin.

Yoğurda başlama

Sağlıklı gelişen bir bebekte 7. aya doğru yoğurda başlayabilirsiniz.

Yoğurt, ara öğünde sade veya içine meyve eklenerek; ana öğünde sebzesiyle birlikte verilebilir.

Ev yapımı yoğurt kullanmayı tercih edin. Ev yoğurdu hazır yoğurda göre daha yumuşak ve sulu kıvamda olur. Bebek için daha hafiftir. Katkısız olan ev yoğurdu çabuk ekşir, bu yüzden bebeğiniz için yoğurdu maksimum 1-2 günlük olarak sık sık yapın.

Daha sulu ve yumuşak kıvamda olduğundan robottan geçirerek kullanmayın. Örneğin meyveli yoğurt hazırlarken püreyi ve yoğurdu kaşıkla karıştırın.

Hazır yoğurt kullanacaksanız yoğurdun dibinden almaya özen gösterin. Ev yoğurduna göre daha katı kıvamda olduğu için karıştırarak kıvamını yumuşattıktan sonra verin. İçine 1-2 damla su ilave edebilirsiniz.

7 - 8 ay için örnek menü

SABAH
- Kahvaltı karışımı
- Anne sütü veya hazır mama

ÖĞLE
- Sebze püresi - etli veya tavuklu (75 ml. - 100 ml.)
- Annesütü veya hazır mama

ÖĞLEDEN SONRA
- Karışık meyve püreleri - yoğurtla verilebilir (75 ml. - 100 ml.)

AKŞAM
- Anne sütü veya hazır mama

GECE
- Anne sütü veya hazır mama

8-9 AYLARDA BESLENME

Yeni tahıllar

8 aylık bebeğinize artık tam tahıl unlu besinlerden az miktarda verebilir, kahvaltısına veya çorbasına bir dilim ekmeğin içini ekleyebilirsiniz. Tam buğday, tam çavdar veya bebek ekmekleri kullanabilirsiniz. Sebze püresine 1 tatlı kaşığı kadar irmik, tel şehriye, bebek makarnası ilave edebilirsiniz. Kahvaltıda, karışık tahıllar içeren tahıl tozuna başlayabilirsiniz.

Akşam öğünü

Bu aydan itibaren 4. öğün olarak akşam öğününe püre veya çorbalarla başlayabilirsiniz. Akşama acıkması için öğleden sonra öğününü biraz azaltmak gerekebilir. Veya 2 öğün arasının en az 2,5 saat olmasına dikkat edin.

Baklagillere başlama

Bakliyatlar da beslenmede yer almaya başlayabilir. En kolay başlanacak olan, kırmızı mercimektir. Önce 1 tatlı kaşığı kadar kırmızı veya sarı mercimeği, sebze çorbalarına ekleyerek öğlen yemeğinde deneyebilirsiniz.

Balığa başlama

Buğulama yani kendi buharında pişmiş balık, bebeğinizin en rahat yiyebileceği balık yemeğidir. Öğlenleri dana eti, tavuk ve balığı dönüşümlü verebilirsiniz.

Balık tercih ederken denizlerdeki ağır metalleri biriktirmemiş, yani çok irileşmemiş balıkları tercih edin. Levrek, dil balığı, lüfer, palamut gibi balıkları kılçığı ve derisi alınmış olarak pişirip bebeğinize verebilirsiniz.

Bazen alerjik reaksiyona yol açabileceğinden ilk öğünlerde az miktarda denemeler yapmanız uygun olur. Kılıçbalığı, uskumru gibi derin sularda yaşayan balıkların etinde yüksek oranda cıva bulunabildiği için bebeklere verilmesi önerilmemektedir.

8 ~ 9 ay için örnek menü

SABAH
- Kahvaltı karışımı
- Anne sütü veya hazır mama

ÖĞLE
- Sebze püresi - et, tavuk veya balık; dönüşümlü (100 ml.)
- Anne sütü veya hazır mama

ÖĞLEDEN SONRA
- Karışık meyve püreleri - yoğurtla verilebilir (50 ml. - 75 ml.)

AKŞAM
- Çorbalar, püreler, yumuşak pütürlü yemekler (75 - 100 ml.)

GECE
- Anne sütü veya hazır mama

Lütfen dikkat! *Bu örneklerdeki miktarlar, size fikir vermek için belirtilmiştir. Almadığı besinler için bebeğinizi zorlamayın! Yemek, keyifle yendiği zaman güzeldir.*

6~9
aylık

1 porsiyon | 10 dk.

bebeğimin ilk kahvaltısı I

Tarif I

3-4 tatlı kaşığı pirinçli veya tahıllı toz mama

60 ml. anne sütü veya hazır mama

Yapılışı

- Bir kâsenin içine pirinç veya tahıl tozu koyun.
- Anne sütü ya da hazırladığınız hazır mamayı (kışın ılık, yazın oda sıcaklığında) ekleyin.
- Pürüzsüz ve yumuşak bir kıvama getirin.
- 1 hafta sonra bu karışıma 1 tatlı kaşığı pekmez, taze meyve püresi veya özellikle kabızlığı olan çocuklar için kuru meyvelerden hazırlayabileceğiniz püreyi ekleyerek vermeye başlayabilirsiniz.

Tarif II

3-4 tatlı kaşığı pirinçli veya tahıllı toz mama

60 ml. anne sütü veya hazır mama

1-2 tatlı kaşığı taze veya kuru meyve püresi (tercihen ev yapımı)

Yapılışı

- Bir kâsenin içine tahıllı hazır mamayı koyun.
- Üzerine, anne sütü veya hazırladığınız hazır mamayı ekleyin. Yumuşak ve akışkan bir karışım elde edene kadar karıştırın.
- Taze mevsim meyvesiyle (elma, armut, şeftali, kayısı gibi) hazırladığınız püreyi veya önceden hazırladığınız kuru meyve püresini (1-2 tatlı kaşığı) karışıma ekleyin.

Notlar

- *Kabızlığı olan bebeklerde pirinç tozu yerine yulaf tozu kullanılabilir.*

150
100
50
20 ml

6~9
aylık

1 porsiyon | 10 dk.

bebeğimin ilk kahvaltısı II

15 gr. tuzu alınmış keçi peyniri

1/2 çay kaşığı tuzsuz tereyağı

1/4 yumurta sarısı, ilerleyen zamanda yarım yumurta sarısı

Kıvam verecek kadar pirinç tozu veya yulaf tozu

30-60 ml. arası hazır mama veya anne sütü

Arzuya göre 1 tatlı kaşığı üzüm pekmezi

Yapılışı

- Bir kabın içinde önce peyniri, sonra tereyağını ve yumurta sarısını çatalla iyice ezin.
- Üzerine pirinç veya yulaf tozunu ekleyin.
- Kıvamını kontrol ederek hazır mama veya anne sütünü ekleyin.
- Arzuya göre 1 çay kaşığı ile 1 tatlı kaşığı arası pekmez ekleyebilirsiniz.
- Yumuşak ve akıcı bir karışım olana kadar iyice karıştırın.

Notlar

- *Bebeğiniz kabızlığa yatkınsa bu karışıma kayısı püresi ekleyebilirsiniz.*

yoğurt yapımı

1 litre tam yağlı süt (1/2 kg. inek sütü ile 1/2 kg. pastörize koyun veya keçi sütünü karıştırabilirsiniz)

1 tepeleme yemek kaşığı kaymaksız, tam yağlı yoğurt (inek, keçi, koyun veya manda yoğurdu)

Mayalama yöntemiyle yoğurt yapımı

- Sütü iyice kaynattıktan sonra mayalayacağınız kaba aktarın, ılımaya bırakın.
- Parmağınızla sıcaklığını kontrol edin. Sıcaklığı hissetmeyeceğiniz ama soğuk da olmayacak derecede ılık olmalıdır.
- 1 çorba kaşığı yoğurdu karıştırarak katın ve sütü mayalayın.
- Yoğurdunuzun üzerini kalın birkaç bezle sarın, oda sıcaklığında 3-3,5 saat bekletin.

Fırında yoğurt yapımı

- Yoğurdunuzu yukarıda tarif edildiği gibi mayalayın.
- Fırınınız aynı sıcaklığı muhafaza edebiliyorsa fırını 40 derecede ısıtın.
- Sütü fırının orta rafına yerleştirin, iki saat kıpırdatmadan pişirin.
- İki saatin sonunda fırını kapatın ve en az 6 saat içinde mayalanmaya bırakın. Bütün bu işlemler süresince fırının kapağını kesinlikle açmayın.

önemli notlar

- Sağlıklı gelişen bir bebek 7. aya doğru yoğurda başlayabilir.
- Yoğurdu ara öğün olarak başlayabilirsiniz.
- Bebeğinize başlangıçta ev yoğurdu vermeyi tercih edin. Seyahatlerde bebek yoğurtlarını tercih edebilirsiniz.
- Yoğurdu önce sade olarak verin.
- Yoğurdu bebeğiniz için minik kâselerde, kavanozlarda veya küçük kapaklı bir kabın içinde mayalayın, 2-3 gün içinde tüketin.

6~9 aylık

1 porsiyon | 10 dk. | yaz ~ kış

armut püreli yoğurt

1/2 küçük armut

2 çorba kaşığı yoğurt

Yapılışı

- Armudu soyun, çekirdekli kısmını çıkarın ve cam rendede rendeleyin.
- Hazır yoğurt kullanıyorsanız rendelediğiniz armudu rendede kalan suyuyla birlikte ekleyin.
- Ev yoğurdu kullanıyorsanız armudu ilave ederken yoğurdun aşırı sulanmamasına dikkat edin, fazla gelirse armudun suyunu katmayın.

Notlar

- *Elma, şeftali, kayısı gibi mevsim meyveleriyle de meyveli yoğurt hazırlayabilirsiniz.*
- *Meyveli yoğurtlara kıvam vermek veya doyuruculuğunu artırmak için 1 tatlı kaşığı tahıllı toz mama ekleyebilirsiniz. Toz mamayı yoğurda önce karıştırarak pürüzsüz bir karışım elde edin, sonra meyve püresini ekleyin.*

6~9
aylık

1 porsiyon | 10 dk. | yaz - kış

muzlu yoğurt

4-5 dilim muz

2 çorba kaşığı yoğurt

2 çay kaşığı üzüm pekmezi

Yapılışı

- Muzu çatalla ezerek püre haline getirin.
- Yoğurdu ekleyin. Pürüzsüz bir karşım elde edene kadar karıştırın.
- 2 çay kaşığı üzüm pekmezi ilave ederek tatlandırabilirsiniz.

1 porsiyon | 10 dk. | yaz

taze kayısılı yoğurt

2 adet olgun taze kayısı

2 çorba kaşığı yoğurt

Yapılışı

- Yoğurt katı kıvamdaysa önceden çatalla çırparak homojen bir hale getirin.
- Kayısıların kabuğunu soyun, içini temizleyin.
- Cam rende kullanarak veya ezerek püre haline getirin.
- Kayısı püresini yoğurda karıştırın, bekletmeden yedirin.

6~9
aylık

2 porsiyon | 10 dk. | kış

trabzonhurması püresi

1 adet olgun trabzonhurması

Yapılışı

- Trabzonhurmasının kabuklarını soyun.
- Çekirdeğini çıkarın, içini bıçakla temizleyin.
- Bıçakla küçük parçalara bölün ve robottan geçirin.
- Bu meyve lifli olduğu için robotta uzun liflerinin parçalanmasını sağlayın.

Notlar

- *Trabzonhurması ballı ve lezzetli tadıyla, sonbahar-kış döneminde bebeğinize verebileceğiniz faydalı bir meyvedir.*
- *Trazbonhurmasını tek başına verebileceğiniz gibi elma, armut, muz gibi çeşitli meyvelerle de karşıtırarak bebeğinize yedirebilirsiniz.*

6~9
aylık

1 porsiyon	10 dk.	yaz ~ kış

avokado ~ muz püresi

1 ince dilim olgun avokado

4-5 dilim muz

1/2 tatlı kaşığı pekmez

Yapılışı

- Olgun bir avokadodan ince bir dilim kesin, kabuğunu soyun.
- Muzu, avokado ve pekmezi robottan geçirin.
- Kalan pütürleri çatalla iyice ezin.
- Yumuşak ve pürüzsüz bir kıvam elde etmek için gerekiyorsa 1-2 çay kaşığı kaynamış ve ılımış su ilave edebilirsiniz.

6~9
aylık

2 porsiyon	20 dk.	yaz

enginar püresi

1/2 küçük enginar

1/2 küçük havuç

1/2 küçük patates

2 tatlı kaşığı bezelye

1 arpacıksoğanı

1 diş sarmısak

1-2 dal maydanoz veya dereotu

1 tatlı kaşığı zeytinyağı

1 tatlı kaşığı rendelenmiş dilpeyniri (7. aydan itibaren)

500 ml. su

Yapılışı

- İyice temizlediğiniz enginar, havuç ve patatesi küp doğrayın.
- Buharda pişirecekseniz bezelyeleri önceden 10 dakika haşlayın.
- Soğan ve sarmısağı bütün bırakın. Piştikten sonra çıkarabilir veya istediğiniz miktarı püreye ekleyebilirsiniz.
- Maydanoz veya dereotunu ince kıyın.

Buharda

- Alta enginarı, üzerine diğer sebzeleri buharda pişirme süzgecine koyun. Üzerine 1 tatlı kaşığı zeytinyağı gezdirin, 20-25 dakika pişirin. 2-3 kaşık ılık su/tavuk suyu ve dilpeyniri ekleyerek robottan geçirin.

Tencerede

- Soğan, sarmısak ve havucu zeytinyağında çevirin. Kalan sebzeleri ve suyu ekleyin. Kısık ateşte 20 dakika pişirin. Dilpeynirini ve gerekirse 2-3 kaşık ılık su ekleyerek püre haline getirin.

bebek yemeklerinde enginar

- Bebeğiniz için enginarı günlük alıp hemen pişirmeyi, limonlu suda fazla bekletmemeyi tercih edin.
- Zannedilenin aksine geç pişen bir sebzedir. Bebeğinize vereceğiniz enginar iyi pişmiş olmalı, diri kalmamalıdır.
- Enginar yanına tatlandırıcı bir malzeme ister. Bebek yemeklerinde havuç kullanılabilir. Havuç miktarı enginarın tadını dengeleyecek ölçüde olursa bebeğiniz severek yiyecektir.

6~9
aylık

30 dk.

et suyu stoklama

300 gr. yağsız dana eti
1 küçük havuç
1 küçük soğan
1/2 adet kereviz sapı
2-3 dal maydanoz
1 litre su

Yapılışı

- Havucu ve soğanı soyun, bütün bırakın.
- Kereviz ve maydanozu bütün bırakın.
- Eti ve sebzeleri 1 litre suyla birlikte düdüklü tencereye koyun.
- Yaklaşık 30 dakika pişirdikten sonra malzemeleri içinden çıkarın.
- Et suyunu bebeğiniz için porsiyonluk kaplara koyarak buzluğa atabilirsiniz.

Daha konsantre et suyu için...

- *Et suyunu jöle kıvamına gelene kadar kısık ateşte iyice kaynatın. Bu suyu buz kalıplarına koyun. Böylece bir buz kalıbı et suyu, bebeğinizin yemeği için yeterince konsantre ve besleyici olacaktır.*

Notlar

- *Bazı günler sadece tavuk suyu veya et suyu da kullanabilirsiniz. Bebeğinizin çorbasını bir gün etli, bir gün tavuklu, bir gün sadece tavuk suyuyla, bir gün et suyuyla hazırlayarak menüsünü çeşitlendirebilirsiniz.*

6~9 aylık

30 dk.

tavuk suyu stoklama

1 bütün tütsülenmiş organik tavuk (1 kg. - 1,250 kg.) veya 6 adet organik tavuk baget

1 orta boy havuç

1 orta boy soğan

4-5 dal maydanoz

Arzuya göre 1 adet kereviz sapı

2 litre su

Yapılışı

- Havuç ve soğanı soyun ve bütün bırakın.
- Kereviz ve maydanozu bütün bırakın.
- Tavuğu ve sebzeleri 2 litre suyla birlikte düdüklü tencereye koyun. Organik bir bütün tavuğun haşlanması (tavuğun büyüklüğüne göre) düdüklü tencereyle 30-35 dakika sürer. Baget kullanıyorsanız bu süre daha az olabilir.
  (Eğer normal tencere kullanacaksanız ve özellikle organik tavuk kullanıyorsanız pişme süresi 1,5 saati bulabilir.)
- Piştikten sonra tavuk suyunu kalan malzemelerden süzerek ayırın.
- Tavuk suyunu bebeğinize göre porsiyonlar halinde kaplara koyarak buzluğa atabilirsiniz.

6~9 aylık

30 dk.

et ~ tavuk buz küpleri

Et Püresi

300 gr. haşlanmış yağsız dana eti

500 litre et suyu

10'lu buz kalıbı

Yapılışı

- Haşlanmış yağsız dana etini et suyuyla birlikte robottan geçirin.
- Karışımı buz kalıplarına koyun.
- Bebeğinizin yemeğine bir kalıp et püresi ilave edin.
- Böylece, 1 bebek porsiyonuna 30 gr. kırmızı et veya 50 ml. et suyu eklemiş olursunuz. Bu şekilde bebeğinize vereceğiniz et miktarını ayarlayabilirsiniz.

Tavuk Püresi

250 gr. haşlanmış tavuk eti

500 litre tavuk suyu

10'lu buz kalıbı

Yapılışı

- Haşladığınız tavuğun suyunun bir kısmını tavuk etiyle birlikte robottan geçirerek tavuk püresi hazırlayın.
- Püreyi buz küpü porsiyonlarına koyarak buzluğa atın.
- Her kalıpla bebeğinizin yemeğine 25 gr. tavuk eti, 50 ml. tavuk suyu eklemiş olursunuz.

Notlar

- *Et veya tavuk ile kullandığınız sebzeler tat olarak birbiriyle uyumlu olmalıdır. Örneğin mercimekli bir çorbaya hem et hem tavuk yakışırken balkabağına tavuk suyu daha çok yakışacaktır.*

6~9
aylık

1 porsiyon | 20 dk. | yaz

bebeğimin ilk sebze çorbası

1/2 küçük patates

1/2 küçük havuç

1/2 küçük kabak

1-2 adet taze fasulye veya
1 tatlı kaşığı bezelye

1 çeri domates veya
1/4 küçük domates

1 arpacıksoğanı

2-3 yaprak semizotu veya
1-2 dal maydanoz

1 diş sarmısak

1 tatlı kaşığı zeytinyağı

300 ml. su

1 tatlı kaşığı pirinç
(Bebeğiniz kabızlığa yatkın değilse)

Yapılışı

- Patates, havuç ve kabağı küp doğrayın.
- Taze fasulye ekliyorsanız kenarlarını alın.
- Domatesin kabuğunu soyun.
- Arpacıksoğanını ve sarmısağı bütün bırakın.

Buharda

- Pirinç ekleyecekseniz önceden 1/2 çay bardağı suyla 10 dakika haşlayın.
- Sebzeleri ve pirinci buharda pişirme haznesine koyun. Üzerine zeytinyağını gezdirip 20 dakika pişirin.

Tencerede

- Arpacıksoğanı, sarmısak ve havucu zeytinyağında çevirin. Üzerine hazırladığınız sebzeleri ve suyu ekleyin. Kısık ateşte 20 dakika pişirin.
- Kıvamlı bir çorba olacak miktarda ılık su ekleyerek robottan geçirin.
- Soğan ve sarmısağı ilk zamanlar bütün pişirip sonra çorbadan çıkarın.
- Zamanla önce yarısını, sonra tamamını çorbaya ekleyebilirsiniz.

Notlar

- *Tüm sebzeleri aynı anda kullanmak yerine dönüşümlü kullanın. Tatların uyumlu olmasına dikkat edin.*

6~9 aylık

1 porsiyon | 20 dk. | kış

bebeğimin ilk sebze çorbası

1/2 küçük patates

1 arpacıksoğanı veya 1/2 küçük pırasanın beyaz kısmı

1 diş sarmısak

1/2 küçük havuç

1-2 adet ıspanak yaprağı

1-2 minik brokoli çiçeği veya 1 dilim kereviz

1 tatlı kaşığı zeytinyağı

300 ml. su

1 tatlı kaşığı pirinç (Bebeğiniz kabızlığa yatkın değilse)

Yapılışı

- Patatesi ve havucu küp doğrayın.
- Arpacıksoğanı ve sarmısağı bütün bırakın. Pırasa kullanıyorsanız soğan kullanmayın; pırasanın beyazını kullanın ve bütün bırakarak pişirin.

Buharda

- Sebzeleri buharda pişirme haznesine koyun. Üzerine 1 tatlı kaşığı zeytinyağı gezdirin. Pirinç ekleyecekseniz önceden 1/2 çay bardağı suyla 10 dakika haşlayın. Sebzeler tam olarak yumuşayana kadar 20 dakika buharda pişirin.

Tencerede

- Soğan (veya pırasa), sarmısak ve havuçları zeytinyağında çevirin, üzerine hazırladığınız sebzeleri ve pirinci ekleyin. Suyunu ekleyip kısık ateşte tüm sebzeler yumuşayana kadar 20 dakika pişirin.
- Bütün bıraktığınız sarmısağı, soğanı veya pırasayı sebzelerin içinden çıkarın.
- Kalan malzemeyi kıvamlı bir çorba olacak şekilde ılık su ekleyerek robottan geçirin.

Notlar

- *7. aydan itibaren bu çorbanın içine 1 bebek porsiyonu için 30-40 gr. kırmızı et veya tavuk ekleyebilirsiniz. Sadece tavuk veya et suyu kullanarak da pişirebilirsiniz.*

6~9
aylık

1 porsiyon	20 dk.	yaz

kabak çorbası

1/2 küçük kabak
1/2 küçük patates
1/2 küçük havuç
1 arpacıksoğanı
1 diş sarmısak
1-2 dal dereotu
1 tatlı kaşığı zeytinyağı
250 ml. su veya tavuk suyu

Yapılışı

- Kabak, patates ve havucu küp doğrayın.
- Arpacıksoğanı ve sarmısağı soyun ve bütün bırakın.

Buharda

- Sebzeleri buharda pişiriciye koyun. Üzerine zeytinyağını gezdirin. Yumuşayana kadar 20 dakika pişirin. Piştikten sonra arpacıksoğanı ve sarmısağı çıkarın. Kalan sebzeleri tavuk suyunu ilave ederek robottan geçirin.

Tencerede

- Soğan ve sarmısağı havuçlarla zeytinyağında çevirin. Kalan sebzeleri ve tavuk suyunu ekleyin. Kısık ateşte 20 dakika pişirin. Tüm sebzeler piştikten sonra bütün olarak kullandığınız soğanı ve sarmısağı çıkarın. Kalan malzemeyi robottan geçirin. Çorbanın kıvamı koyu mercimek çorbası gibi olmalıdır. Yetişkin çorbalarından daha koyu kıvamda fakat püreden daha sıvı olmalıdır.

6~9
aylık

1 porsiyon | 20 dk. | kış

brokoli çorbası

1 küçük havuç

1/2 küçük patates

1 arpacıksoğanı

1 diş sarmısak

2-3 adet brokoli çiçeği

1 tatlı kaşığı zeytinyağı

300 ml. su veya tavuk suyu

2 çay kaşığı tuzsuz krem peynir veya rendelenmiş dilpeyniri

Yapılışı

- Havuç ve patatesi küp doğrayın.
- Arpacıksoğanı ve sarmısağı bütün bırakın.

Buharda

- Hazırladığınız sebzeleri buharda pişiriciye koyun ve üzerine 1 tatlı kaşığı zeytinyağı gezdirin. Tüm sebzeler yumuşayana kadar 20 dakika pişirin. Pişen sebzeleri, önceden ısıttığınız tavuk suyunu ekleyerek robottan geçirin.

Tencerede

- Soğan ve havucu zeytinyağında çevirin. Üzerine kalan malzemeyi ve tavuk suyunu ilave edip kısık ateşte 20 dakika pişirin. Soğan ve sarmısağı çıkararak veya isterseniz dahil ederek robottan geçirin. Arzuya göre henüz çorba ılıkken içine 2 çay kaşığı tuzsuz krem peynir veya 2 çay kaşığı rendelenmiş dilpeyniri ekleyebilirsiniz.

6~9 aylık

2 porsiyon | 20 dk. | kış

balkabağı çorbası

Tarif I

100 gr. balkabağı

1 küçük patates

2 arpacıksoğanı

1 diş sarmısak

1 tatlı kaşığı zeytinyağı

300 ml. su /tavuk suyu

Yapılışı

- Balkabağı ve patatesi iri küpler şeklinde doğrayın.
- Arpacıksoğanı ve sarmısağı soyun, bütün bırakın.

Buharda

- Hazırladığınız malzemeyi buharda pişiriciye koyun. Zeytinyağını gezdirin ve 20 dakika pişirin. İster soğan ve sarmısağı çıkararak ister dahil ederek malzemeyi tavuk suyuyla birlikte robottan geçirin.

Tencerede

- Soğan ve sarmısağı zeytinyağında çevirin. Balkabağı, patates ve tavuk suyunu ilave edin. Kısık ateşte 20 dakika pişirin. Haşlanmış sebzeleri robottan geçirin.

Tarif II

100 gr. balkabağı

1/2 küçük pırasanın beyazı

2 çorba kaşığı kırmızı mercimek

2 tatlı kaşığı zeytinyağı

400 ml. su

Yapılışı

- Balkabağını iri küpler şeklinde doğrayın.
- Pırasayı ince kıyın.
- Kırmızı mercimeği 10 dakika haşlayın ve süzün.

Buharda

- Balkabağı, pırasa ve kırmızı mercimeği buharda pişiriciye koyun. Üzerine zeytinyağını gezdirip 20 dakika pişirin. Malzemeler piştikten sonra üzerine azar azar ılık su ekleyerek robottan geçirin.

Tencerede

- Pırasa ve balkabağını zeytinyağında çevirin. Üzerine kırmızı mercimeği ve suyu ekleyin. Kısık ateşte 20 dakika pişirin. Piştikten sonra kıvamlı ve akışkan bir çorba elde edene kadar robottan geçirin.

6~9 aylık

1 porsiyon | 30 dk. | yaz

yaz sebzeli mercimek çorbası

1 tatlı kaşığı kırmızı veya sarı mercimek

1 tatlı kaşığı pirinç

1/2 küçük patates

1/2 küçük havuç

1/2 küçük kabak

1 çeri domates veya 1/4 küçük domates

1 arpacıksoğanı

1 diş sarmısak

1-2 dal maydanoz

1 tatlı kaşığı zeytinyağı

30 gr. yağsız dana veya tavuk eti

500 ml. su

Yapılışı

- Mercimeği 10 dakika haşlayın ve süzün.
- Domatesin ve diğer tüm sebzelerin kabuğunu soyun ve doğrayın.
- Soğan ve sarmısağı bütün bırakın.
- Kullanacağınız eti kuşbaşı doğrayın.

Buharda

- Pirinci önceden 10 dakika haşlayın. Sebzeleri, önceden haşladığınız mercimek ve pirinci buharda pişiriciye koyun. Üzerine zeytinyağı gezdirin. En üste eti ekleyin. 30 dakika pişirin. Kıvamlı olacak kadar ılık su ekleyerek robottan geçirin.

Tencerede

- Soğan, sarmısak ve havucu zeytinyağında çevirin. Üzerine kullanacağınız sebzeleri, pirinci, mercimeği, eti ve suyu ekleyip 30 dakika kısık ateşte pişirin. Bebeğinizin gelişimine göre soğan ve sarmısağın ister tamamını, ister yarısını çorbaya ekleyebilirsiniz. Sonra tüm malzemeyi robottan geçirin.

6~9
aylık

1 porsiyon | 30 dk. | kış

kış sebzeli mercimek çorbası

1 tatlı kaşığı kırmızı veya sarı mercimek

1 tatlı kaşığı pirinç

1/2 küçük patates

1/2 küçük havuç

1 dilim kereviz veya 1 küçük brokoli çiçeği

1-2 adet ıspanak yaprağı

1 arpacıksoğanı veya 1/2 küçük pırasanın beyazı

1 diş sarmısak

1 tatlı kaşığı zeytinyağı

30 gr. yağsız dana veya tavuk eti

500 ml. su

Yapılışı

- Mercimeği 10 dakika haşlayın ve süzün.
- Patates ve havucu, ekleyecekseniz kerevizi küp şeklinde doğrayın.
- Arpacıksoğanı ve sarmısağı soyun, bütün olarak sebzelere ekleyin.
- Pırasa kullanacaksanız soğan kullanmayın. (Pırasayı bütün olarak kullanın ve piştikten sonra çorbadan çıkarın.)
- Kullanacağınız eti kuşbaşı doğrayın.

Buharda

- Pirinci 10 dakika haşlayın. Sebzeleri buharda pişirme haznesine koyun, üzerine zeytinyağı gezdirin. En üste mercimeği, pirinci ve eti ekleyin. 30 dakika pişirin. Kıvamlı olacak kadar ılık su ekleyerek robottan geçirin.

Tencerede

- Soğan, sarmısak ve havucu zeytinyağında çevirin. Kullanacağınız eti, üzerine kullanacağınız sebzeleri, mercimeği, pirinci ve suyu ekleyin. Kısık ateşte 30 dakika pişirin. Gerekirse biraz ılık su ekleyerek pişen sebzeleri robottan geçirin.
- Bütün bıraktığınız arpacıksoğanı ve sarmısağı ister çıkarıp ister dahil ederek pişen malzemeyi robottan geçirin.

6~9 aylık

2 porsiyon	20 dk.	yaz - kış

kıymalı ev tarhanası

3 çorba kaşığı ev tarhanası
30 gr. yağsız dana kıyma
200 ml. su
1/2 çay kaşığı tereyağı

Yapılışı

- Tarhanayı pişirmeden 30 dakika önce, oda sıcaklığındaki 1 su bardağı içme suyuyla ıslatın. Çatalla karıştırarak çözülmesini sağlayın.
- Kıymayı ayrı bir tavada suyla 15 dakika pişirin.
- Islattığınız tarhanayı bir tencereye alın. Kısık ateşte sürekli karıştırarak 15 dakika pişirin. Koyuluğuna göre üzerine su ekleyin.
- Koyulaşmaya başladığında önceden pişirdiğiniz kıymayı ekleyin ve karıştırmaya devam edin.
- İçine tereyağını ilave edin ve iyice karıştırın. Topaklanma olursa robot yardımıyla pürüzsüz bir kıvama getirin.

Notlar

- *Tarhanayı kıyma kullanmadan, sadece et suyu veya tavuk suyuyla da pişirebilirsiniz.*

6~9
aylık

2 porsiyon	20 dk.	yaz ~ kış

yayla çorbası

1 çorba kaşığı pirinç
2 çorba kaşığı yoğurt
1/2 çorba kaşığı un
1/2 yumurta sarısı
1 çorba kaşığı zeytinyağı
500 ml. su
Kuru nane

Yapılışı

- Pirinci tam olarak yumuşayana kadar haşlayın.
- Haşladığınız pirincin suyundan 3-4 kaşık alarak unla karıştırın.
- Yoğurdu ayrı bir kâsede çatalla çırpın ve unlu karışımın içine yavaş yavaş karıştırarak ekleyin.
- Yumurta sarısını ayrı bir yerde çırpın ve onu da ilave edin.
- Bu karışımı haşladığınız pirince yavaş yavaş ekleyin.
  Bu esnada yoğurdun kesilmemesine dikkat edin. Ilıkken eklerseniz yoğurt kesilmez.
- Bir taşım kaynatın. Üzerine zeytinyağı ve kuru naneyi ekleyin.

Notlar

- *Yayla çorbası 8. aydan itibaren bebeğinize verebileceğiniz en sağlıklı çorbalardandır. Bebeğiniz ishal olduğunda yağsız olarak hazırlayıp verebilirsiniz. Aynı zamanda eğer kabızlığa yatkınlığı yoksa menüsüne her zaman ekleyebilirsiniz.*
- *Bebeğinizin yumurta alerjisi varsa yayla çorbasını yumurtasız hazırlayabilirsiniz.*
- *Bebeğinize yumurta terbiyeli çorba verirken sabah kahvaltıda ne kadar yumurta yediğini de göz önünde bulundurun.*

6~9 aylık

1 porsiyon | 20 dk. | kış

balık çorbası

50 gr. beyaz etli fileto balık (Dilbalığı veya levrek)

1/2 küçük patates

1/2 küçük havuç

1 küçük pırasanın beyaz kısmı

1 diş sarmısak

1 diş arpacıksoğanı

1-2 dal maydanoz

1 tatlı kaşığı zeytinyağı

1-2 damla limon suyu

250 ml. su

Yapılışı

- Patates ve havucu küp doğrayın. Soğan ve sarmısağı ince kıyın.
- Pırasayı bütün olarak bırakın.

Buharda

- Tüm sebzeleri buharda pişiriciye koyun. En üste, derisi ve kılçığı alınmış, parçalanmış balığı koyun. Tüm malzemenin üzerine zeytinyağını gezdirin, 20-25 dakika pişirin.

Tencerede

- Soğan, sarmısak ve havucu zeytinyağında çevirin. Üzerine kalan sebzeleri, balığı ve suyunu ekleyin. Kısık ateşte 20 dakika pişirin. Pırasayı çorba piştikten sonra çıkarın.
- Bebeğinizin gelişimine göre çorbayı çatalla ezebilir veya robottan geçirebilirsiniz.
- 1-2 damla limon suyu ekleyebilirsiniz.

| 9 – 12 aylık dönem |

pütürlü ve parçalı yemekler

Dr. Gülnihal Şarman

Yenidoğan ve Çocuk Hastalıkları Uzmanı

**Artık kendi kendine oturuyor!
Mama sandalyesi zamanı**

9 aylık bebek rahatlıkla mama sandalyesinde oturarak yemek yiyebilir. Meraklı ve hareketlidir. Kemerini hareketini kısıtlamayacak şekilde bağlamak gerekir.

Ayağa kalkabiliyor ve sabırsız

Şimdi zaman, bir şeylere tutunarak ayağa kalkmanın keyfine varma zamanı! Ancak ayağa kalkmak, mama sandalyesi gibi boyu bir metreden yüksek bir yerde oturma açısından tehlikeler de yaratır. Tüm hazırlıklarınız bitmeden bebeği mama sandalyesine oturtmayın. Sıkılıp ayağa kalkması ve aşağı inmeye kalkışması an meselesidir. Hazırlıklarınız tamam olursa öğün sırasında kesintisiz olarak başında durabilirsiniz. Unutmayın, bebeğin sabrı 5-6 dakikayı geçmez!

Ağzına atıyor

Aylardır (4. ayından beri) ellerini, parmaklarını emdi durdu! Şimdi ise lokmaları ağzına atıp kendi kendine yeme çalışmaları yapmasının tam zamanı.

Elleriyle şu hareketleri yapabiliyor mu?

- Tüm parmaklarıyla bir kayısıyı (kırmızı eriği veya fiyonk makarnayı) avcuna alabiliyor mu?
- Kuru üzümü elinin kenarıyla alabiliyor mu?
- Başparmak ve diğer parmaklarıyla kayısıyı avcunda bir süre tutuyor mu?
- Saplı bir meyveyi (örneğin kirazı) sapından tutmaya çalışıyor mu?

Birbiri ardına diş çıkarıyor

Alt kesicilerden başlayarak bebeğinizin ağzı diş dolacak! 2 yaşına kadar 20 diş çıkaracak. Ancak büyük dişler, özellikle üst kesiciler ve azı dişleri biraz ağrılı çıkabilir. Diş çıkarırken ağzını iyi açamaması, yemek yerken iştahı yerinde olmasına rağmen huysuzlanması normaldir. Diş çıkarma döneminde bebeğin damağı sancılı ve ısıya karşı hassas olabilir.

Elle yemenin keyfi! Yemeklere dokunuyor

Her yemeğin ayrı bir dokusu olduğunu ancak yemeklere dokunarak öğrenecek. Yeşil fasulyenin uzunluğunu, pirinç tanelerinin minikliğini, yoğurdun elle kavranmasının zor olduğunu ancak hissederek anlayacaktır. Her öğünde bir miktar yiyeceği, dokunması ve kendi başına yemeyi denemesi için önüne koyun.

Artık özgürlük peşinde

Ek besinlere ilk başladığınız döneme göre birtakım değişiklikler gözlemleyebilirsiniz. Kaşığını veya biberonunu kendisi tutmak isteyebilir. Sulukla su vermenin tam zamanı. İki eliyle kavrayıp suluğu başına dikecektir! Önceleri biraz fazla kaldırıp boğazına su kaçırabilir. Deneme yanılma yoluyla suyun doluluğuna göre kaldırmayı 1-2 ay içinde öğrenecektir. Bırakın denesin.

**Kendini doyurabilir mi? Yemesine
karışmalı mı?**

Yemeğe dahil olmak isteyen bebeği engellememek gerekir. Eğer istiyorsa yiyeceği yemeğin bir kısmını önüne koymakta hiçbir sakınca yoktur. Bunlara el yemekleri diyoruz. O bunları yemekle meşgulken siz bir yandan çorbasını veya ezilmiş yemeğini yedirebilirsiniz. Bebekler arasında yemek yeme özgürlüğü büyük farklılıklar gösterir. Ama genellikle 15-18. aylarından önce tamamen kendilerini doyuramazlar.

El yemekleri seçenekleri neler olmalı?
El yemeklerini, öğün içinde alacağı besinlerden oluşturabilirsiniz. Bunlar yumuşak, ağızda kolay eriyen, çiğneme gerektirmeyen, yutması kolay besinler olmalıdır. Boğazı tıkayacak şekilde yuvarlak, lastiksi, çiğnenmesi zorlardan olmamalıdır.

- ***Haşlanmış ve uzunlamasına kesilmiş sebzeler:*** Yumuşatılmış yarım kabak, haşlanmış havuç, uzunlamasına kesilmiş haşlanmış patates
- ***Yumuşak meyveler:*** Yumuşak şeftali, kavun, karpuz dilimleri. Haşlanmış armut veya elma dilimleri, haşlanıp yumuşamış yarıdan kesilmiş kırmızı erik, uzunlamasına kesilmiş muz dilimleri
- İyi haşlanmış makarna, ekmek kenarı
- Tuzu alınmış yumuşak beyazpeynir
- İyi pişmiş ve kılçığı ayıklanmış balık parçaları

Kesinlikle uygun olmayan el yemekleri
Silindir şeklinde kesilmiş sosis, tam yuvarlak üzüm, damağa yapışabilen ezmeler (fındık ezmesi), iri kuşbaşı büyüklüğünde sert et, tavuk parçaları veya kılçıklı balık

YEMEKLERİNİ HAZIRLARKEN...
Pütürlü ve parçalı yemeklere geçiş
Ek gıdalara başladıktan üç ay sonra bebeğinizin beslenmesine her türlü yemeği rahatlıkla ekleyebilirsiniz. Günlük Türk mutfağı yemekleri sebze yemeklerinin çeşitliği açısından çok zengindir. Her türlü kıymalı veya zeytinyağlı sebze yemeği (kıymalı patates, fasulye, bezelye, kabak, enginar yemeği gibi), dolmalar (kabak, yeşil biber, kırmızı biber), sebzeli sulu köfteler, çatalla hafifçe ezerek verebileceğiniz yemekler ve çorbalar uygundur.

6-9 ay arasında vermediğiniz besinleri bu dönemde teker teker tanıtmalı, bebeğinizdeki reaksiyonu görüp miktarını ona göre artırmalısınız. Balığı menüye ekleyebilir, haftada 1-2 kere verebilirsiniz.

Akşama da bir öğün ekleyin
Bu dönemde sabah, öğlen ve öğlenden sonraki öğününe ek olarak 4. öğün, yani akşam yemeği öğününe de geçebilirsiniz. Akşam yemeğinde öğlendeki gibi yemekleri olabilir. Diş çıkardığı dönemlerde zenginleştirilmiş bir çorba da verebilirsiniz.

Anne sütü-hazır mama gereksinimini unutmayın
Bebeğiniz 1 yaşına kadar anne sütü veya hazır mama almaya devam etmelidir. Çoğu bebek bu dönemde 2 kez 180-240 ml. mama alır. Bu dönemde bebeğinizi bardaktan içmeye alıştırabilirsiniz. Biberondan kurtulmak için iyi bir zamandır. Büyüme hızı azaldığı için iştahı ilk 8 aya göre daha az olacaktır. Bu durum sizi şaşırtmasın.

Çatalla ezerek verin
Bu dönemde sebzeleri iri küp, elma dilimi veya halka olarak doğrarsanız porsiyonu daha rahat ayarlarsınız ve sebzeler çatala daha kolay gelir ve ezilir.

Yeşilliklerle yemeklere aroma katın
Maydanoz, taze fesleğen, dereotu, taze kekik gibi aromalı taze bitkileri kullanabilirsiniz. Ancak mutlaka çok iyi yıkayın ve ince kıyın. İri kalan yeşillik bebeğinizin damağına veya boğazına yapışabilir. Yeşillikleri, pişen yemeğe ilk zamanlarda bütün olarak ekleyebilir, piştikten sonra çıkarabilirsiniz.

Baharatla tatları artırın
Bir yaşına doğru, az olması kaydıyla baharat kullanmaya başlayabilirsiniz. Toz baharatın organik olmasına dikkat edin. Kimyon, köftelerde kullanmaya başlayacağınız ilk baharat olabilir. Kuru nane çorbalara eklenebilir, kekik et yemeklerinde kullanılabilir. Dikkat etmeniz gereken nokta, miktardır. Çok keskin bir tat oluşturmayacak miktarlar katmalısınız.

Diğer önemli nokta ise kurutulmuş baharatların yemeklere piştikten sonra eklenmesi gerektiğidir. Yoksa acılık katabilir.

Diş temizliğini es geçmeyin
Bu dönemde çoğu bebek iki ya da daha fazla dişe sahiptir. Yemeklerden sonra veya uyumadan önce dişlerini temiz bir bezle temizlemeye çalışın.

9-12 ay için örnek menü

Bu dönemde bebeğiniz günde yaklaşık 300-400 ml.
anne sütü veya hazır mama almalıdır.

SABAH

- Kahvaltı karışımı
  Her gün aynı tat olmamasına özen gösterin.
  Bir gün meyveli-pirinçli, ertesi gün yulaflı -peynirli-yumurtalı gibi değişik karışımlar deneyin.

ARA ÖĞÜN

- Meyve püresi

ÖĞLE

- Etli, tavuklu, balıklı veya zeytinyağlı bir yemek (100-150 ml.)
  Uygun yemeklerin yanında yoğurt, ayran, cacık verilebilir.

ARA ÖĞÜN

- Meyveli veya sade yoğurt

AKŞAM

- Etli, tavuklu, balıklı veya zeytinyağlı bir yemek (100-150 ml.)
  Uygun yemeklerin yanında yoğurt, ayran, cacık verilebilir.

UYKUDAN ÖNCE VEYA GECE

- 180-240 ml. hazır mama veya anne sütü
  (Diş çürüklerini önlemek için sonrasında su içirilmeli veya dişler fırçalanmalıdır.)

Notlar

- *Miktarlar size fikir vermek için belirtilmiştir. Almadığı besinler için bebeğinizi zorlamayın! Bu dönemde vereceğiniz yemekler artık ezilebilir yumuşaklıkta ve hafif sulu olmalıdır. Ona, çatalla ezdiğinizde yumuşak kıvamda olan yemekler sunmaya başlayabilirsiniz. Böylece bebeğiniz artık daha katı olan yemekleri yutmayı öğrenecektir. Kılçık gibi boğaza takılacak veya yapışacak türden bir şey içermemelidir. Zaten siz de göreceksiniz, bebeğiniz yutamayacağı şeyi diliyle çıkarma eğilimi gösterecektir.*

9~12 aylık

2 porsiyon	30 dk.	yaz ~ kış

sulu köfte

100 gr. yağsız dana kıyma
1/4 küçük boy soğan
1 orta boy havuç
1 orta boy patates
1 çorba kaşığı pirinç
1-2 dal maydanoz
1 çorba kaşığı zeytinyağı
1 çorba kaşığı un
Kuru nane
Az kimyon
500 ml. su

Yapılışı

- Soğanı ince kıyın.
- Havuçları yarım ay, patatesi küp şeklinde doğrayın.
- Pirinci yıkayın ve süzün.
- Maydanozu ince kıyın.
- Kıymayı soğan, pirinç, maydanoz, zeytinyağı ve çok az kimyon ekleyerek yoğurun, ufak top köfteler yapın. Köfteleri una bulayın ve bir kenara koyun.
- Bir tencerede kaynayan suyun içine önce havuçları, sonra patatesleri koyun. 15 dakika ağzı kapalı olarak kısık ateşte pişirin.
- Daha sonra köfteleri ekleyin ve 15 dakika daha kısık ateşte pişirin.
- Piştikten sonra üzerine kuru nane serpiştirin.
- Köfteleri havuç ve patatesle birlikte çatalla ezerek bebeğinize yedirebilirsiniz.

9~12 aylık

2 porsiyon | 30 dk. | kış

kıymalı pazı sarma
~ alternatifi ıspanak sarma ~

1/2 demet pazı veya ıspanak
100 gr. yağsız kuzu veya dana kıyma
1/4 küçük soğan
1 diş sarmısak
1/4 kahve fincanı pirinç
100 gr. rende domates
1 tutam maydanoz
2 tatlı kaşığı zeytinyağı
250 ml. su

Yapılışı

- Pazı (veya ıspanak) yapraklarını önce tek tek yıkayın, sonra sirkeli suda 15 dakika bekletin ve tekrar yıkayın.
- Soğan ve sarmısağı ince kıyın.
- Pirinci yıkayın ve süzün.
- Kıymanın içine pirinç, soğan, sarmısak, maydanoz, zeytinyağı ve domatesi ekleyip karıştırın.
- Pazı veya ıspanak yapraklarını sıcak suya sokup hemen çıkarın.
- İç harcını koyup sardıktan sonra küçük bir tencereye dizin.
- Suyunu ilave edin ve kısık ateşte 25-30 dakika pişirin.
- Piştikten sonra sarmayı rahatlıkla çatalla ezip bebeğinize yedirebilirsiniz.

Notlar

- *Bebeğiniz veya çocuğunuz ıspanağı yemek olarak sevmiyorsa ıspanak sarma olarak deneyebilirsiniz. Ispanağı farklı bir sebze gibi algılayıp yemeye başlayabilir.*

9-12 aylık

2 porsiyon | 30 dk. | yaz

etli karışık dolma

2 ufak dolmalık biber veya
1 orta boy tatlı kırmızıbiber

1 küçük kabak

60 gr. yağsız kuzu veya dana kıyma

1/2 kahve fincanı pirinç

1/4 küçük soğan

1 diş sarmısak

1 tutam maydanoz veya nane

1/2 orta boy domates

2 tatlı kaşığı zeytinyağı

300 ml. su

Yapılışı

- Dolmalık biberlerin içini boşaltın. Kırmızı biber kullanıyorsanız içini temizleyin.
- Kabağı ortadan ikiye kesin, içini boşaltın.
- Pirinci yıkayın ve süzün. Domatesi rendeleyin.
- Soğan ve sarmısağı ince kıyın.
- Kıymayı pirinç, soğan, zeytinyağı, domates ve maydanoz veya naneyle karıştırın.
- Biber ve kabakları dolma harcıyla doldurun. Üzerlerini, kabuğu soyulmuş birer dilim domatesle kapatın. Suyunu ekleyin, kısık ateşte 30 dakika pişirin.
- Biber dolmasını bebeğinize yedirmeden önce kabuklarını soyun. İstediğiniz miktarda dolmayı çatalla ezerek bebeğinize yedirebilirsiniz.

Notlar

- *1 yaşından sonra dolma harcının içine 1 tatlı kaşığı tuzsuz domates salçası ve az karabiber eklemeye başlayabilirsiniz.*

9~12 aylık

2 porsiyon | 20 dk. | kış

pırasa ve patates çorbası

1 küçük pırasanın beyaz kısmı
1/2 küçük patates
1/2 orta boy havuç
1 tatlı kaşığı pirinç
2 tatlı kaşığı zeytinyağı
300 ml. tavuk suyu

Yapılışı

- Pırasayı ince ince doğrayın. Patatesi ve havucu soyun, küp doğrayın.
- Pırasa, havuç ve patatesi zeytinyağında çevirin. Üzerine pirinci ve tavuk suyunu ekleyin. 20 dakika kısık ateşte pişirin.
- Tüm sebzeler piştiği zaman robottan geçirin. Kıvamı yoğun olursa içine azar azar su ilave ederek çorbayı daha akışkan hale getirebilirsiniz.

Notlar

- *İsterseniz bu çorbanın içine 2 tatlı kaşığı kırmızı veya sarı mercimek de ekleyebilirsiniz.*
- *Pırasa kullandığınız çorbalarda pırasa çorbanın içinde zar gibi kalmamalıdır. Bunun için incecik kıyın ve robottan geçirirken de iyi parçalanmasına özen gösterin.*

9~12
aylık

2 porsiyon | 20 dk. | kış

kıymalı yerelması

4-5 adet minik yerelması
1 küçük havuç
2 arpacıksoğanı
1 diş sarmısak
2 tatlı kaşığı zeytinyağı
50 gr. yağsız dana kıyma
1/2 kahve fincanı pirinç
300 ml. su

Yapılışı

- Yerelmalarını soyun ve dörde bölün.
- Havuçları minik küp şeklinde doğrayın.
- Soğanı ve sarmısağı ince kıyın, havuçla birlikte zeytinyağında çevirin.
- Kıymayı ilave edin, üzerine az su ekleyin. Kıymayı tahta kaşıkla parçalayıp incelterek soteleyin.
- Üzerine önce yerelmasını, sonra pirinci ve en son suyu ilave edin.
- 20 dakika kısık ateşte pişirin.

Notlar

- *Yerelması çabuk pişen bir kış sebzesidir. Piştiğinde yumuşak olur ve kolay ezilir. Bebeğinize çatalla ezerek ve hafif pütürlü olarak verebileceğiniz ilk sebzelerden biridir.*
- *Yerelmasını bebeğinizin sebze çorbasına da ekleyebilirsiniz.*

9~12 aylık

2 porsiyon | 20 dk. | kış

zeytinyağlı kereviz

1 küçük kereviz

1 küçük havuç veya 50 gr. balkabağı

1 çorba kaşığı pirinç

1/4 küçük soğan

1 diş sarmısak

1 adet portakalın suyu

150 ml. su

Yapılışı

- Kerevizi, havucu veya balkabağını soyun ve iri küpler halinde doğrayın.
- Kerevizleri kararmaması için az limonlu suya koyun.
- Soğan ve sarmısağı ince kıyın.
- Soğan ve havucu zeytinyağında çevirin. Üzerine kerevizi ve pirinci ekleyin.
- Son olarak portakal suyunu ve suyu ekleyin.
- Kısık ateşte ağzı kapalı olarak 20 dakika pişirin.
- Kereviz piştiği zaman hafif sulu, çatalla ezilebilir ve yumuşak kıvamda olmalıdır.
- Zeytinyağlı kerevizi, suyuna birkaç parça bebek ekmeğini de ekleyerek çatalla ezip bebeğinize yedirebilirsiniz.

9~12
aylık

2 porsiyon	20 dk.	kış

kıymalı ıspanak

~ alternatifi pazı ~

1 küçük demet ıspanak veya pazı
1 küçük soğan
1 küçük havuç
80 gr. yağsız kıyma
1 çorba kaşığı pirinç
1 çorba kaşığı zeytinyağı
200 ml. su

Yapılışı

- Ispanak veya pazı yapraklarını 1-2 tatlı kaşığı sirkeli suda beklettikten sonra tek tek yıkayın ve doğrayın.
- Havucu küp doğrayın.
- Soğan ve sarmısağı ince kıyın.
- Soğanı havuçla beraber zeytinyağında çevirin. Üzerine kıymayı ekleyin ve kıymayı tahta kaşıkla ezerek soğan ve havuçlarla 1-2 dakika pişirin.
- Ardından, önce ıspanağı veya pazıyı, sonra pirinci ve suyu ekleyip kısık ateşte 20 dakika pişirin.
- Kıymalı ıspanağı çatalla ezerek bebeğinize rahatlıkla yedirebilirsiniz.

9~12 aylık

2 porsiyon | 20 dk. | kış

balkabaklı risotto

50 gr. balkabağı

1 arpacıksoğanı

1 diş sarmısak

1/2 kahve fincanı pirinç

1 tatlı kaşığı zeytinyağı

1/2 tatlı kaşığı tereyağı

250 ml. tavuk suyu

1/2 çorba kaşığı dilpeyniri

Yapılışı

- Balkabağını minik küp şeklinde doğrayın. Yarı pişmiş olana kadar buharda veya tencerede pişirin.
- Arpacıksoğanı ve sarmısağı ince kıyın, zeytinyağı ve tereyağıyla birlikte pembeleştirin.
- Üzerine pirinci ve tavuk suyunun yarısını ekleyin ve karıştırın.
- Yarı pişmiş balkabaklarını ekleyin. Kısık ateşte 20 dakika pişirin.
- Suyunu çekmeye başlayınca tavuk suyunun kalan yarısını ekleyin.
- Kısık ateşte pirinç ve balkabağı yumuşayana kadar pişirin.
- En son rendelenmiş dilpeynirini ekleyip karıştırın.
- Kapağını kapatıp 5 dakika dinlenmeye bırakın.
- Risottoyu her zaman bir öğünlük pişirip bekletmeden hemen yedirin.

Notlar

- *Bebeğinize yedireceğiniz pirinçli yemeklerin kıvamının hafif sulu olmasına dikkat edin.*

9~12 aylık

1 porsiyon | 20 dk. | yaz

enginar çorbası

1 küçük temizlenmiş enginar
1/2 orta boy havuç
1/2 küçük patates
1 küçük arpacıksoğanı
1 diş sarmısak
1-2 dal dereotu
1 tatlı kaşığı zeytinyağı
300 ml. tavuk suyu

Yapılışı

- Enginarı, havuç ve patatesi küp doğrayın.
- Soğanı ve sarmısağı ince kıyın, havuçla birlikte zeytinyağında çevirin.
- Patates ve enginarı ekleyip karıştırın.
- Tavuk suyunu ve en son dereotunu ekleyip kısık ateşte 20 dakika pişirin.
- Sebzeler yumuşadığında robottan geçirip kıvamlı bir çorba haline getirin.

Notlar

- *Tavuk suyu kullanmıyorsanız zeytinyağını 1 çorba kaşığı kullanabilirsiniz.*
- *Enginar çorbasını ilerleyen zamanlarda un ve süt ekleyerek daha kremalı bir kıvamda pişirebilirsiniz.*

9-12 aylık

2 porsiyon | 20 dk. | yaz

zeytinyağlı semizotu

1 demet semizotu
1 küçük havuç
1 küçük soğan
2 diş sarmısak
1 çorba kaşığı pirinç
2 orta boy domates
2 çorba kaşığı zeytinyağı
150 ml. su

Yapılışı

- Semizotunu önce tek tek, sonra sirkeli suda bekleterek yıkayın ve doğrayın.
- Havucu soyun ve küp küp doğrayın.
- Soğan ve sarmısağı ince kıyın.
- Pirinci yıkayın ve süzün.
- Domatesin kabuğunu soyun ve küp doğrayın.
- Zeytinyağında soğan, sarmısak ve havucu çevirin.
- Üzerine semizotunu, pirinci ve en son domatesi ilave edin.
- Suyunu ekleyin ve kısık ateşte 20 dakika pişirin.
- İçine birkaç parça bebek ekmeği ekleyip çatalla ezerek bebeğinize yedirebilirsiniz.

Notlar

- *Özellikle yaz mevsiminin sıcak günlerinde bebeğinize her gün etli yemek yedirmek yerine haftada 2-3 gün zeytinyağlı sebzeler de yedirebilirsiniz.*

9~12 aylık

2 porsiyon | 20 dk. | yaz

patatesli, kıymalı taze fasulye

200 gr. taze fasulye
1 küçük soğan
1 diş sarmısak
1 küçük patates
1 büyük domates
2 çorba kaşığı zeytinyağı
60 gr. yağsız kıyma
500 ml. su

Yapılışı

- Taze fasulyelerin kenarlarını alın. Fasulyeleri çatalla ezebileceğiniz boyutta küçük doğrayın.
- Soğanı ve sarmısağı soyun ve ince kıyın.
- Patatesi küp doğrayın. Domatesin kabuğunu soyun ve doğrayın.
- Soğan ve sarmısağı zeytinyağında çevirin.
- Üzerine kıymayı ekleyin ve kıymayı tahta kaşıkla parçalayarak 1 dakika soteleyin.
- Patatesi, taze fasulyeleri ve domatesi ekleyip karıştırın.
- Suyunu ekleyin ve kısık ateşte 20 dakika pişirin.
- Bebeğinizin yemeği piştiğinde sebzeler ve kıyma çatalla rahatlıkla ezilebilir olmalıdır.
- Çatalla ezerek ve üzerine mutlaka yemeğin suyundan ilave ederek bebeğinize yedirebilirsiniz. Doyuruculuğunu artırmak için yarım dilim ekmeği ufalayarak yemeğin suyuna karıştırabilirsiniz.

Notlar

- *Taze fasulyeyi yaz mevsiminin sıcak günlerinde sadece zeytinyağlı olarak da verebilirsiniz.*

9~12 aylık

2 porsiyon | 20 dk. | yaz

zeytinyağlı yaz türlüsü

1 küçük kabak
1 küçük havuç
1 küçük patates
4-5 adet taze fasulye
1 küçük kırmızıbiber

1 orta boy domates
1 küçük soğan
2 diş sarmısak
2 yemek kaşığı zeytinyağı
500 ml. su

Yapılışı

- Kabak, havuç ve patatesleri halka doğrayın.
- Taze fasulyenin kenarlarını alın ve ikiye bölün.
- Kırmızı biberi bütün bırakarak ortadan ikiye kesin, çekirdeklerini temizleyin.
- Domatesin kabuğunu soyun ve doğrayın.
- Soğan ve sarmısağı ince kıyın, havuçla beraber zeytinyağında çevirin.
- Üzerine hazırladığınız sebzeleri ve suyu ekleyin. 20 dakika kısık ateşte pişirin.
- Tüm sebzeler yumuşadıktan sonra kırmızıbiberi ve maydanoz dallarını tencereden çıkarın. Kırmızı biberin dış zarını soyduktan sonra tencereye geri koyun.
- Yemeği bebeğinize porsiyonlandırırken üç dört parça havuç-patates, yarım kırmızı biber, 2-3 adet taze fasulye ve mutlaka suyundan da koyarak dengeleyin. Çatalla ezerek bebeğinize yedirebilirsiniz. Eğer bebeğinizin gelişimi iyi ise pişmiş sebzeleri çatalla az ezip veya hiç ezmeden minik parçalar halinde yedirerek bebeğinizi parçaları yutmaya alıştırabilirsiniz.

9~12 aylık

2 porsiyon	20 dk.	yaz

yaz sebzeleriyle bebek risottosu

1 çay bardağı pirinç
1/2 küçük kabak
1/2 küçük havuç
1 küçük domates
1/2 küçük soğan
1 diş sarmısak
Az kuru fesleğen
2 yemek kaşığı zeytinyağı
500 ml. tavuk suyu

Yapılışı

- Kabak ve havuçları küp doğrayın.
- Domatesin kabuğunu soyun ve rendeleyin.
- Soğan ve sarmısağı ince kıyın. Zeytinyağında havuçlarla birlikte çevirin.
- Kabağı, pirinci, rendelenmiş domatesi ekleyin.
- Üzerine tavuk suyunun önce yarısını ilave edin, karıştırın ve 10 dakika kısık ateşte pişmeye bırakın. Hafifçe suyunu çektiğinde kalan tavuk suyunu ekleyin, tekrar karıştırın ve kapağı kapalı olarak kısık ateşte 10-15 dakika daha pişmeye bırakın.
- Piştikten sonra üzerine kuru fesleğen serpebilirsiniz.
- Piştiği zaman pirinçler tam yumuşamış olmalı ve risotto hafif sulu kalmalıdır.

Notlar

- *Sebzeleri çatala gelecek şekilde doğrarsanız daha kolay ezebilirsiniz.*

9~12 aylık

1 porsiyon	20 dk.	yaz

kırmızıbiber çorbası

1 kırmızıbiber
1 küçük havuç
1 küçük patates
1 arpacıksoğanı
1 tatlı kaşığı pirinç
1 tatlı kaşığı zeytinyağı
300 ml. tavuk suyu

Yapılışı

- Kırmızıbiberin sap kısmını kesin, çekirdeklerini temizleyin ve bütün bırakın.
- Havuç ve patatesi küp doğrayın.
- Arpacıksoğanını ince kıyın.
- Arpacıksoğanı, havuç ve patatesi zeytinyağında 1 dakika çevirin.
- Üzerine kırmızıbiberi bütün olarak koyun. Pirinci ilave edin.
- Tavuk suyunu ekleyin, kısık ateşte 20 dakika pişirin.
- Tüm sebzeler piştikten sonra kırmızı biberi çıkarıp zarını soyun ve tencereye geri koyun.
- Son olarak robottan geçirip bebeğinize yedirebilirsiniz.

9~12 aylık

2 porsiyon	20 dk.	yaz - kış

italyan köftesi

50 gr. yağsız kıyma
1 küçük patates
2 arpacıksoğanı
1 diş sarmısak
2 orta boy domates
1 tutam kuru fesleğen
Zeytinyağı
150 ml. su

Yapılışı

- Patatesi haşlayın, çatalla ezerek püre kıvamına getirin.
- Arpacıksoğanı ve sarmısağı ince kıyın.
- Domatesin kabuğunu soyun ve rendeleyin.
- Kıyma, ezilmiş patates, soğan ve sarmısağı 1 tatlı kaşığı rende domates ilave ederek yoğurun. Arzuya göre 1 tutam kuru fesleğen ekleyebilirsiniz.
- Köfte harcından orta büyüklükte köfteler yapın, dolapta 20 dakika dinlenmeye bırakın.
- Hazırladığınız köfteleri 1-2 dakika zeytinyağında çevirdikten sonra üzerine kalan rende domatesi ve az miktarda su ilave edin, kısık ateşte 10 dakika daha pişirin.
- Pişen köfteleri üzerine sosundan ekleyip çatalla ezerek bebeğinize yedirebilirsiniz.

9~12
aylık

2 porsiyon	20 dk.	kış

balık buğulama

100 gr. fileto dilbalığı veya levrek

1 küçük havuç

1 küçük patates

1 küçük soğan

2 diş sarmısak

2-3 dal maydanoz

1 çorba kaşığı zeytinyağı

200 ml. su

Yapılışı

- Havucu yarım ay, patatesi iri küp şeklinde doğrayın.
- Soğanı halka doğrayın, tencerenin en altına dizin. Üzerine havucu ve patatesi dizin. En üste fileto balığı bütün olarak koyun; bu şekilde daha rahat porsiyonlandırabilir ve çatalla ezebilirsiniz.
- Balığın üzerine sarmısakları doğrayın. Maydanoz dallarını ekleyin.
- Tüm malzemenin üzerinden 1 çorba kaşığı zeytinyağı gezdirin, suyunu ekleyip kısık ateşte 20 dakika pişirin.

Notlar

- *Bebekler her balığı aynı miktarda yiyemeyebilir. Zorlamadan, sebzelerle birlikte yiyebildiği kadar verin. Önemli olan miktarı değil, balığı severek yemesi ve alışmasıdır.*

9~12 aylık

2 porsiyon | 25 dk.

pekmezli bebek keki

2 yumurta sarısı
2,5 çay bardağı pekmez (270 ml.)
3 tepeleme çorba kaşığı yoğurt (125 gr.)
1/2 çay bardağı sıvıyağ
1,5 su bardağı un (225 gr.)
1,5 çay kaşığı karbonat

Yapılışı

- Yumurtayı çırparak köpürtün. Pekmezi ilave ederek çırpmaya devam edin.
- Yoğurdu ve sıvıyağı ekleyin ve bir süre daha çırpın.
- Unu bir kaba eleyin. İçine karbonatı ilave edin, tekrar eleyerek yumurtalı karışıma ekleyin.
- Kek karışımını pürüzsüz olana kadar çırpın.
- Hafif yağlanmış ve unlanmış kek kalıbına veya kapkek kalıplarına dökün.
- Önceden 180 derece ısıtılmış fırında 25 dakika pişirin.

Thirteen
28
Twenty eight
Pink

| 12 – 18 aylık dönem |

minik lokmalar ve biraz da kendi seçimi

Dr. Gülnihal Şarman

Yenidoğan ve Çocuk Hastalıkları Uzmanı

Yengeç kıskacıyla kavrıyor
Bu dönemde bebeğiniz makarnayı başparmak ile işaretparmağı arasında kavrayabilir. Bu şekilde ufak yemek kırıntılarını da toplayabilir. Bu kıskaç gibi yakalama önemli bir ince motor becerisidir. Bu sayede artık daha ayrıntılı el becerileri geliştirebilir. Önüne koyduğunuz ufak ekmek parçalarını ağzına götürebilir, sofrada sizin yemeğinizden parçacıklar alabilir. Kendi kendine yemenin keyfine varan bebekler başkalarından yardım almayı reddedebilir. Bu da gelişiminin önemli bir parçası olarak değerlendirilmelidir.

Kaşığı tutup önündeki yoğurdu karıştırabiliyor
Kaşığı ağzına kadar götürmek biraz daha fazla beceri gerektirir. Bundan sonraki aylarda kaşıkla yemeyi de becerecektir. Kaşık, çatal, bebek bıçağıyla yemeye çalışmasına izin verin.

Yere fırlatıyor ve sesin arkasından merakla izliyor
Neden-sonuç ilişkilerini çözmeye başlayan bebeğiniz önüne koyduğunuz çatal, kaşık gibi şeyleri yere fırlatmaya bayılacaktır. Onların yere düşerken çıkardığı sesleri takip edecek hatta mama sandalyesinden sarkıp onların peşine düşecektir.

Yürürken yemek vermeyin!
Bebeğinizin arkasından çatalla gezerek yemek yedirmeye çalışmayın. Yürümeye başladıysa sık sık düşecek ve dengesizlikleri olacaktır. Ağzında yemek veya elinde çatal/bıçak varken hareketli olması tehlikelidir.

İştahı ve senelik kilo alımı değişir
Bebeklerin bir büyüme programı vardır. İlk sene büyümeleri hızlıdır. İlk 12 ayda 7-8 kilo alan bebekler, 1. yaştan sonra yılda sadece 2-2,5 kilo alır. Hem yedikleri miktarlar azalır hem de iştah oynamaları yaşarlar. İyi yedikleri dönemi değerlendirip yemedikleri zamanlarda üstelememek gerekir.

Ön dişler çıktı, şimdi "azı"lılar zamanı!
Alt ve üst damaktaki dörder kesici diş ilk sene içinde çıkar. Bir yaşından sonra ise azılar çıkmaya başlar. Bunlara "azılı" demek yerinde olur çünkü çıkarken epey ağrıya neden olurlar. Genellikle dört azı dişi aynı zamanda çıktığından bebeklerin bu dönemde huzursuz olmaları normaldir. Bu dönemde soğuk meyve ve sebzeler, soğuk yoğurt gibi diş etlerini ferahlatıcı besinler verilmelidir.

Öğünlerinde minik lokmalar
Sizin yemeklerinize ilgi duyması normaldir. Onu yedirdikten sonra sizin sofranızdan ufak lokmalar almasını sağlayın. 9-12. aylarda önerdiğimiz el yemekleri listesini de kullanabilirsiniz. Öğünlerinin hepsinde olmasa da en az birinde onu da sofraya oturtmalısınız. Tabii ancak kısa bir süre sizinle birlikte kalacak sonra oyununa dönecektir.

Sadece yemek yemeyi değil sofra adabını, çatal kaşık kullanmayı da bu şekilde görerek öğrenecektir.

Ne kadar yemesi yeterli olur?
Basit bir kural: Yaşı kadar. Bir yaşındaysa öğün yemeğindeki her şeyden birer çorba kaşığı. Örneğin tavuklu pilav, ıspanak püresi ve yoğurt yiyecekse bunların her birinden birer çorba kaşığı alması yeterlidir.

YEMEKLERİNİ HAZIRLARKEN...

Toplam öğün sayısı

Üç ana + İki ara öğün.

Sabah kahvaltısı, ara öğün, öğlen yemeği, ara öğün ve akşam yemeği olacak şekilde öğünlerini ayarlamak gerekir. Bir yaşından sonra bebeklerin kısmen yumuşak pütürlü, kısmen çiğnenebilir besinler yemesi beklenir. Bebeğiniz de artık normal kahvaltı yiyebilir. Omlet, kenarı alınmış tost, krep, klasik kahvaltı (peynir, domates, salatalık, zeytin gibi) yiyebilir.

1 yaşından sonra emzirmeye devam mı?

Dünya Sağlık Örgütü ve UNICEF bebeklere iki yaşına kadar anne sütü verilmesini önermektedir. Anne sütüne devam etmeyen bebeklerin sütle desteklenmesi gerekir.

- İstiyorsanız emzirmeye devam edebilirsiniz. Günde 3-5 kere anne sütü alan bebeğin ek süt almasına gerek kalmaz. 1-2 çorba kaşığı yoğurt alması yeterli olur.
- Bebeğiniz hazır mamayla besleniyorsa normal günlük süte geçebilirsiniz. Özellikle yoğurt, peynir gibi besinlerde sorun yaşamadıysa doğrudan inek sütüne geçebilir. Süt alerjisi varsa süt ürünleri, mutlaka doktoruna danışarak verilmelidir.
- Bal, bebekler için uygun olması kaydıyla verilmeye başlanabilir.
- Patlıcan hâlâ verilmemelidir.
- Bakla ve iç bakla, özellikle kansızlık sorunu varsa veya yenidoğan döneminde ağır sarılık yaşadıysa verilmemelidir.

Notlar

- *Yemeklerden sonra veya uyumadan önce dişlerini bir bezle temizlemeyi unutmayın.*

12 ~ 18 ay için örnek menü

1 YAŞ İÇİN ÖRNEK MENÜ

SABAH

- Kahvaltının biraz karbonhidrat, biraz protein içermesine dikkat edin. Karbonhidrat olarak tam buğday ekmeği, çavdar ekmeği, köy ekmeği veya yaşına uygun tahıl tozu verebilirsiniz. Protein olarak ise her gün yarım yumurta veya haftada 3-4 gün 1 tam yumurta yiyebilir. Yumurtayı omlet, yumurtalı ekmek, menemen veya haşlanmış olarak verebilirsiniz. Tuzu alınmış peynir, zeytin, domates, salatalık, pekmez, bal, ev reçeli de bu öğünde yer alır.

ARA ÖĞÜN (ÖĞLEDEN ÖNCE)

- Taze meyve: mevsimine göre elma, şeftali, kayısı, armut, muz, trabzonhuması, portakal, kavun veya karpuz

ARA ÖĞÜN (ÖĞLEDEN SONRA)

- **I. Örnek:** 1 bardak süt, 1 kâse meyveli yoğurt veya sütlü tatlı
- **II. Örnek:** 2-3 adet kurutulmuş veya taze meyve
- **II. Örnek:** 1 dilim ev yapımı kek veya 1 adet ev yapımı tahıllı kurabiye

ÖĞLE / AKŞAM

- Et, balık, tavuk içeren yemekler ve zeytinyağlı yemekler
- Uyan yemeğin yanında yoğurt, ayran, cacık
- Uyan yemeğin yanında 1-2 kaşık pilav, bulgur, erişte, makarna

12~18
aylık

1 porsiyon | 10 dk.

kahvaltı

1 adet haşlanmış katı yumurta

Tuzu alınmış 10-20 gr. beyazpeynir

Domates, salatalık

Üzüm pekmezi, dut pekmezi, bal veya ev yapımı reçel

Tam buğday ekmeği, çavdar ekmeği veya ev ekmeği

Yeşil zeytin veya tuzu alınmış siyah zeytin

Bitki çayı (ıhlamur, papatya, melisa vb.)

Yapılışı

- Yumurtayı dörde bölün. Domates ve salatalığın kabuğunu soyun ve söğüş doğrayın.
- Yumurta, domates, salatalık, zeytin, peynir ve pekmezi (bal veya reçel), resimdeki gibi tek tek ya da gruplayarak bebeğinizin önüne koyun.
- Yedirirken biraz da kendisinin seçmesine ve yemesine izin verin.

nelere dikkat etmelisiniz?

- Beyazpeyniri bir gün önceden suda bekleterek tuzunu alın.
- Ülkemizde zeytinler çok tuzlu olduğu için zeytini de suda bekleterek tuzunu alın.
- Bebeğiniz için ev yapımı, hafif tatlı reçel ve pekmezleri tercih edin.
- Pekmez seçerken tadının buruk olmamasına, güvenilir bir kaynaktan, temiz ve organik olmasına dikkat edin. Üzüm veya dut pekmezi kullanabilirsiniz. Diğer pekmez çeşitlerini kullanmak isterseniz mutlaka önce tadına bakın.
- 1 yaşından sonra bal vermeye başlayabilirsiniz.
- Çay olarak tadı ve kokusu keskin olmayan, doğal bitki çaylarını verebilirsiniz.
- 1 yaşından sonra kahvaltıda veya ara öğünlerde inek veya keçi sütü verebilirsiniz.

2 porsiyon | 10 dk.

dilpeynirli, sütlü yumurta

1 yumurta

2 çorba kaşığı süt

1 çorba kaşığı rendelenmiş dilpeyniri

1 tatlı kaşığı zeytinyağı

Yapılışı

- Yumurtayı rendelenmiş dilpeyniriyle bir kapta karıştırın.
- Zeytinyağını kısık ateşteki tavaya koyun ve fazla ısıtmadan yumurtayı döküp hızlıca karıştırmaya başlayın.
- Karıştırırken azar azar süt ekleyin.
- Yumurtayı parçalayarak karıştırın, hafif sulu ve yumuşakken ocaktan alın.
- Yumurtasını, minik doğranmış ekmek parçalarıyla yedirebilirsiniz.

Notlar

- *1 yaşından sonra yumurtanın akını vermeye başlayabilirsiniz.*
- *Bazı bebekler yumurtanın akına daha zor alışır, bebeğinize biraz zaman tanımanız gerekebilir.*
- *Yumurta akını vermeye başlarken önce 1/4'le başlayıp hafta hafta miktarı artırabilirsiniz ve küçük miktarlarda sarısıyla birlikte verebilirsiniz. Zamanla haşlanmış yumurtayı önüne koyun, kaşıkla veya elle yemeye çalışmasına izin verin.*
- *Omlet, sütlü yumurta gibi çeşitleri 1 yumurtayla pişirip ilk başlarda yarısını yedirebilir, zaman içinde tamamını vermeye başlayabilirsiniz.*

1 porsiyon | 10 dk.

bebek müslisi

1 çay bardağı ev yapımı granola veya organik müsli (tercihen tahıllı, yulaflı, kuru meyveli)

Taze ve kuru meyveler (kuru üzüm, kuru dut, kuru incir, taze çilek, taze karadut, taze yaban mersini vb.)

150 ml. süt

Yapılışı

- Kullanacağınız taze ve kuru meyveleri ayıklayıp minik parçalar halinde doğrayın.
- Hazırladığınız, malzemeyi müsliye ekleyin.
- Üzerine oda sıcaklığındaki sütü ekleyin.

Notlar

- *Bebeğiniz de tıpkı sizin gibi her gün aynı kahvaltıyı yemekten sıkılabilir. Ona farklı kahvaltı alternatifleri hazırlayın. Özellikle yazın çok sıcak günlerinde sütlü veya yoğurtlu olarak tahıllı ve kuru meyveli müsliyi veya ev yapımı granolayı deneyebilirsiniz.*
- *Müsliyi ve granolayı ara öğün olarak da verebilirsiniz.*

1 porsiyon | 20 dk.

ev yapımı granola

20 gr. kaju fıstığı

150 gr. yulaf

30 gr. ayçiçeği içi

30 gr. kabak çekirdeği içi

30 gr. kabuksuz badem

20 gr. kabuksuz fındık

50 gr. kuru kayısı

30 gr. kuru vişne

30 gr. kuru yabanmersini

Şurubu için

60 ml. akçaağaç şurubu veya pekmez veya bal

Yapılışı

- Fırını 150 dereceye getirin.
- Bir kâsenin içine fıstıkları, kuru kayısıları gelişigüzel doğrayın. Üzerine kalan malzemeyi ekleyin.
- Bir tencerede akçaağaç şurubunu (pekmezi veya balı), kısık ateşte karıştırarak ısıtın.
- Isınınca yulaflı karışımın üzerine kaşık kaşık dökün ve tüm malzemeye karıştırın.
- Tepsiye yağlı kâğıt serin, granola karışımını 1 cm'den kalın olmayacak şekilde homojen bir şekilde yayın. 20 dakika kadar pişirin. Bu süre içerisinde 2-3 defa ters yüz edip, karıştırın. Fırından çıkardıktan sonra tepside soğumaya bırakın.
- Taze meyvelerle, yoğurt veya sütle bebeğinize ve ailenize servis edebilirsiz.

2 porsiyon | 20 dk. | kış

pırasa mücveri

2 küçük pırasanın beyaz kısmı

2 orta boy havuç

1 küçük patates

1 yumurta

1 çay bardağı süt

1 tatlı kaşığı un

3 çorba kaşığı rendelenmiş kaşar veya dilpeyniri

1 çay kaşığı karbonat

2 çorba kaşığı zeytinyağı

Yapılışı

- Pırasanın beyaz kısmını ince kıyın ve robottan geçirin.
- Havuç ve patatesi rendeleyin.
- Bir kapta hazırladığınız bu sebzelerin üzerine diğer malzemeleri ekleyin, iyice karıştırarak boza kıvamına getirin.
- Fırın kabını yağladıktan sonra karışımı kaba dökün, 180 derece fırında yaklaşık 20 dakika pişirin.

Notlar

- *Bebeğinize yumurta akı vermeye başlamadıysanız veya yeni başladıysanız yumurtanın sadece sarısını kullanın.*

12~18 aylık

2 porsiyon	20 dk.	kış

armutlu kereviz çorbası

2 elma dilimi kereviz
1/2 orta boy armut
1 küçük patates
2 arpacıksoğanı
1 çorba kaşığı zeytinyağı
250 ml. tavuk suyu veya su

Yapılışı

- Kerevizi, patatesi ve armutu doğrayın.
- Soğanı ince kıyıp zeytinyağında biraz pembeleştirin.
- Üzerine kereviz, patates ve armutu ekleyin ve 1-2 dakika daha soteleyin.
- Tavuk suyunu ekleyin ve kısık ateşte 20 dakika pişirin.
- Piştikten sonra robotta kıvamlı bir çorba haline getirin.

2 porsiyon | 20 dk. | kış

bebek minestronu

1 küçük patates
1 küçük havuç
2 elma dilimi kereviz
1 diş sarmısak
1 küçük soğan
2 çorba kaşığı zeytinyağı
500 ml. tavuk suyu veya su
3-4 yaprak ıspanak
1-2 yaprak fesleğen
1 çorba kaşığı yıldız veya harf makarna

Yapılışı

- Patates, havuç ve kerevizi minik küpler halinde doğrayın.
- Soğan ve sarımsağı ince kıyın ve havuçlarla pembeleştirin.
- Patates ve kerevizi ekleyin. Malzemeyi kısık ateşte 1-2 dakika soteleyin.
- Tavuk suyunu ilave edin, kısık ateşte 20 dakika pişirin.
- Pişmeye yakın makarnaları, ıspanak ve fesleğen yapraklarını ekleyin, makarnalar yumuşayana kadar 5-6 dakika daha pişirin.

Notlar

- *Bebeğinizin en az birkaç dişi çıktıysa ve gelişimi uygunsa bu tip küçük taneli çorba ve sebze yemeklerini, 1 yaşından sonra, robottan geçirmeden veya çatalla ezmeden vermeye başlayabilirsiniz.*
- *Bu tarifi yaz bebekleri için kabak, kırmızı biber, taze fasulye gibi yaz sebzeleriyle de pişirebilirsiniz.*

2 porsiyon	20 dk.	kış

kuzu etli kış türlüsü

1 küçük patates
1 çay bardağı süt
2 çorba kaşığı kaşarpeyniri
1 küçük havuç
1 küçük kuru soğan
2 diş sarmısak
100 gr. tantunilik kuzu eti
1 ufak parça pırasanın beyaz kısmı
1 çorba kaşığı zeytinyağı
Maydanoz
Taze kekik
Su

Yapılışı

- Patatesi haşlayın, süt ve kaşarpeyniriyle yumuşak püre haline getirin.
- Havucu minik küp şeklinde doğrayın.
- Soğan ve sarımsağı ince kıyın, havuçlarla birlikte zeytinyağında pembeleştirin.
- Üzerine eti ilave edin. Bütün bıraktığınız pırasa, 1-2 dal taze kekik, 1-2 dal maydanozu ve az su ekleyerek kısık ateşte yumuşayana kadar pişirin.
- Eti, piştikten sonra pişme suyuyla birlikte küçük cam bir kaba alın, üzerine önceden hazırladığınız patates püresini koyun, 200 derece ısıtılmış fırında 10 dakika daha pişirin.

Notlar

- *Bebeğiniz için seçeceğiniz kuzu etinin kokmayan ve yumuşak olmasına özen gösterin.*
- *Bebeğinizi et yemeye alıştırmaya başladığınız ilk zamanlarda eti tantunilik olarak yani çok minik parçalar halinde hazırlattırabilirsiniz. Bu şekilde hazırlattığınız eti çorbalarda da kullanabilirsiniz.*

2 porsiyon | 30 dk. | kış

etli sebze çorbası

50 gr. tantunilik yağsız dana veya kuzu eti

1 küçük havuç

1 küçük patates

1/2 küçük kereviz

1 küçük soğan

2 diş sarmısak

1 çorba kaşığı un

2 çorba kaşığı zeytinyağı

1 tatlı kaşığı tereyağı

1 su bardağı süt

500 ml. su

Yapılışı

- Eti bir tencerede 200 ml. suyla 15 dakika kısık ateşte haşlayın.
- Havuç, patates ve kerevizi minik küpler halinde doğrayın.
- Soğan ve sarımsağı ince kıyın.
- Bir başka tencerede soğan, sarmısak ve unu, tereyağı ve zeytinyağıyla birlikte hafifçe pembeleştirin.
- Havuç, patates ve kerevizi ekleyin, üzerine 300 ml. su ile sütü ekleyerek kısık ateşte 20 dakika pişirin.
- Etleri pişme suyuyla birlikte sebzeli çorba karışımının içine ekleyin.
- Kısık ateşte 10 dakika daha kaynatın.

2 porsiyon | 30 dk. | yaz - kış

terbiyeli tavuk çorbası

1 adet tavuk baget

500 ml. su

1 yumurta sarısı

1 tatlı kaşığı un

1 çay kaşığı limon suyu

Arzuya göre 1 çay kaşığı tereyağı

1 çay kaşığı tuzsuz domates salçası

Yapılışı

- Tavuk bageti 15 dakika haşlayın, süzün ve suyunu bir kaba alın.
- Eti kemiğinden ayırıp ince ince didin.
- Yumurta sarısını bir kâsede çatalla iyice çırpın. Üzerine 2 çorba kaşığı tavuk suyu, un ve limon suyunu ekleyin. Karışımı çatalla çırpıp pürüzsüz hale getirin.
- Tenceredeki tavuk suyu ılıdığı zaman bu karışımı yavaş yavaş tencereye ekleyin.
- Son olarak dittiğiniz tavuk etlerini çorbaya ekleyin ve kısık ateşte 15 dakika daha kaynatın.
- İsterseniz bir tavada tereyağı ve salçayı eritip çorbanın üzerine ilave edebilirsiniz.

12~18 aylık

2 porsiyon | 30 dk. | yaz - kış

pirinçli kuru fasulye

1 küçük soğan

2 diş sarmısak

1 adet orta boy yeşil biber

50 gr. yağsız kuşbaşı dana veya kuzu eti

1 tatlı kaşığı domates salçası veya biber salçası

1 çay bardağı baldo pirinç

2 çay bardağı haşlanmış ve kabukları soyulmuş kuru fasulye

1 çorba kaşığı zeytinyağı

500 ml. su

Yapılışı

- Soğan, sarmısak ve yeşil biberi ince kıyıp zeytinyağında 1-2 dakika çevirin.
- Eti ilave edip kısık ateşte birkaç dakika pişirin.
- Salçayı ekleyerek sotelemeye devam edin.
- Üzerine suyun yarısını ilave edip 20 dakika pişirin.
- Pirinç ve kuru fasulyeleri ekleyin. Üzerine kalan suyu ilave edin.
- Kısık ateşte 10 dakika daha pişirin.

bebek yemeklerinde kuru fasulye ve nohut

- Bebeğiniz pütürlü yemeye başladığı zaman kuru fasulye, nohut, yeşil mercimek gibi baklagilleri vermeye başlayabilirsiniz.
- Kuru fasulye ve nohutu pişireceğiniz zaman 12 saat öncesinden ıslatın ve düdüklü tencerede haşlamayı tercih edin. Düdüklü tencerede 10-15 dakika yeterli olacaktır.
- Kuru fasulye ve nohutun, bebek 2 yaşına gelinceye kadar, kabukları soyularak verilmesi önerilir.
- Bu yemeği pirinçli olarak pişirip yedirmeyi tercih edin. Bebeğiniz küçükken iki ayrı yemeği (pilav-kuru fasulye gibi) yiyemeyebilir. İlerleyen zamanlarda iki ayrı yemek olarak, yanında ayran veya cacıkla verebilirsiniz.

2 porsiyon | 30 dk. | yaz ~ kış

sebzeli kuzu eti

1 küçük havuç
1 küçük patates
1 adet yeşil biber
1 adet kırmızıbiber
1 küçük pırasa
1 küçük soğan
2 diş sarmısak
2 çorba kaşığı zeytinyağı
150 gr. yağsız kuzu eti (minik doğranmış)
1-2 dal taze kekik
1 tutam maydanoz
500 ml. su

Yapılışı

- Havucu yarım ay, patatesi elma dilimi şeklinde doğrayın.
- Biberleri minik doğrayın; pırasanın beyaz kısmını bütün bırakın.
- Soğan ve sarımsağı ince kıyın, zeytinyağında tüm sebzelerle birlikte çevirin.
- Kuzu etini ekleyin, hepsini 1-2 dakika soteleyin.
- Üzerine suyu, taze kekik ve maydanozu ekleyin.
- Maydanoz gibi yeşillikleri ister bütün ekleyip piştikten sonra çıkarın, isterseniz ince kıyarak yemeğin içine ekleyin.
- Kısık ateşte 25-30 dakika pişirin.

Notlar

- *Kuzu etini kekik, maydanoz, pırasa, soğan, sarmısak kullanarak pişirirseniz daha hafif ve lezzetli olacaktır.*

12~18 aylık

2 porsiyon	30 dk.	yaz

bulgurlu kabak dolması

1 küçük soğan
1 diş sarmısak
100 gr. yağsız dana veya kuzu kıyma
1 tatlı kaşığı domates salçası
1/2 kahve fincanı bulgur
1 tutam dereotu
2 küçük kabak
4-5 dilim domates
2 çorba kaşığı zeytinyağı
300 ml. su

Yapılışı

- Kıyma, ince kıydığınız soğan ve sarmısak, bulgur, ince kıyılmış dereotu, domates salçası ve zeytinyağını bir kabın içinde karıştırın.
- Kabakların kabuklarını kazıyın, küçükse ortadan ikiye, büyükse üçe kesin. İç kısımlarını çıkarın.
- Kabakları hazırladığınız dolma harcıyla doldurun, dilim domatesle dolmaları kapatın.
- Küçük bir tencereye dizin. Üzerinden 2 tatlı kaşığı zeytinyağı gezdirin.
- Tencereye, kabakları geçmeyecek kadar su koyun. Kısık ateşte 25-30 dakika pişirin.

bebek yemeklerinde bulgur

- Bebeğiniz büyüdükçe, bulgur ona verebileceğiniz en faydalı karbonhidratlardan biridir. Bebeğinize ve çocuklarınıza vereceğiniz bulgur tam pişmiş olmalıdır. Bulgur daha doyurucu olduğu için, bebeğinizin, bulgurlu yemeği pirinçli yemeğe göre daha az yemesi normaldir.

2 porsiyon | 30 dk. | yaz

zeytinyağlı enginar

2 küçük enginar
2 orta boy havuç
1 küçük patates
1 küçük soğan
4 çorba kaşığı zeytinyağı
1 küp şeker
300 ml. su

- *Bu tarife 1 çay bardağı bezelye de ekleyebilirsiniz.*

Yapılışı

- Enginarları iyice temizleyin ve doğrayın.
- Havuç ve patatesi minik küp şeklinde doğrayın.
- Soğanı ince kıyın, havuçlarla zeytinyağında çevirin.
- Üzerine patates ve enginarı ekleyin.
- 2 çay bardağı ılık su ve şekeri ekleyip enginarlar tamamen yumuşayana kadar kısık ateşte pişirin.
- Pişerken suyunu çekerse azar azar ılık su ilave edebilirsiniz.

2 porsiyon	30 dk.	yaz

soğuk yaz çorbası

4 çorba kaşığı yeşil mercimek
1/4 küçük soğan
1 diş sarmısak
100 gr. yağsız dana kıyma
3 çorba kaşığı arpa veya tel şehriye
2 tatlı kaşığı zeytinyağı
300 ml. su
2 çorba kaşığı yoğurt
Kuru nane

Yapılışı

- Mercimeği 10 dakika haşlayın ve süzün.
- Soğan ve sarımsağı ince kıyın. Kıymayla birlikte zeytinyağında 1-2 dakika soteleyin.
- Üzerine yeşil mercimeği ve suyu ekleyin. Kısık ateşte 15 dakika pişirin.
- Mercimeğin pişmesine yakın şehriyeyi ekleyin, 5-10 dakika daha pişirin. Suyunu çekerse azar azar su ilave edin.
- Mercimek karışımını soğuduktan sonra 2 çorba kaşığı yoğurtla karıştırın. Üzerine 1 tutam kuru nane ekleyin.

Notlar

- *Mercimekli ve kıymalı harcı dolapta saklayıp ertesi gün de aynı şekilde kullanabilirsiniz.*

2 porsiyon | 30 dk. | yaz - kış

arpa şehriyeli yeşil mercimek

1 küçük su bardağı yeşil mercimek

1 küçük havuç

1 küçük soğan

1 diş sarmısak

1 tatlı kaşığı domates salçası
veya 1 orta boy domates

1/2 küçük su bardağı arpa şehriye

500 ml. su

Yapılışı

- Mercimeği 10 dakika haşlayın ve süzün.
- Havucu minik küp doğrayın. Soğanı ve sarımsağı ince kıyın.
- Soğan, sarmısak ve havucu salçayla sıvıyağda çevirin.
- Arpa şehriyeyi ekleyin. 1-2 dakika çevirdikten sonra yeşil mercimeği ilave edin.
- Suyunu ekleyin ve kısık ateşte 20 dakika pişmeye bırakın.

Notlar

- *Yeşil mercimek yemeği, bebeğinize çatalla ezmeden verebileceğiniz ilk yemeklerdendir. En iştahsız çocukların bile severek yediği bir yemektir.*
- *Yeşil mercimek yemeğini kıymalı veya tavuk etli olarak da pişirebilirsiniz.*

2 porsiyon | 20 dk. | yaz - kış

kıymalı kuskus

1/2 küçük soğan

2 diş sarmısak

50 gr. yağsız dana kıyma

1 orta boy domates

1 çay bardağı kuśkus

1 tutam maydanoz

1 çorba kaşığı zeytinyağı

250 ml. su

Yapılışı

- Soğan ve sarımsağı incecik kıyın, zeytinyağında pembeleştirin.
- Üzerine kıymayı ekleyin ve karıştırarak pişirin.
- Domatesin kabuğunu soyup rendeden geçirin.
- Kıymanın üzerine rendelenmiş domatesi ekleyin, 15 dakika kısık ateşte pişirin.
- Üzerine kuśkusu ve suyu ilave edin. İnce kıyılmış maydanozu ekleyip kısık ateşte suyunu çekinceye kadar pişirin.
- Kuśkuslar yumuşadığı zaman altını kapatın ve birkaç dakika demlenmeye bırakın.

2 porsiyon | 20 dk. | kış

terbiyeli balık çorbası

1 orta boy havuç

1 orta boy patates

2-3 kereviz yaprağı veya
1 küçük pırasanın beyaz kısmı

1 küçük soğan

2 diş sarmısak

2 çorba kaşığı zeytinyağı

1 tatlı kaşığı ince kıyılmış maydanoz

500 ml. su

200 gr. fileto levrek

Terbiyesi için

1/2 yumurta sarısı

1 tatlı kaşığı un

1/2 limonun suyu

Yapılışı

- Havuç, patates ve kerevizi soyun, küp doğrayın; pırasa kullanacaksanız bütün ekleyin.
- Soğan ve sarımsağı ince kıyın, zeytinyağında pembeleştirin.
- Üzerine önce havuçları, sonra diğer sebzeleri ekleyin. 1-2 dakika tüm sebzeleri soteleyin.
- Üzerine suyunu ekleyin ve 10 dakika kısık ateşte ağzı kapalı olarak pişmeye bırakın.
- En son parçalara ayırdığınız balıkları ekleyin ve 10 dakika daha kısık ateşte pişirin.

Terbiyesi

- Yarım yumurta sarısını küçük bir kâsede çırpın. İçine unu ve limon suyunu ekleyin. Karışım homojen olana kadar karıştırın. Bu karışıma çorbanın suyundan 1-2 çorba kaşığı alıp ılıtarak koyun.
- Yumurtalı karışımı yavaş yavaş ve sürekli karıştırarak tencereye ekleyin. Yumurtanın pişmemesi ve terbiyenin kesilmemesi için bu işlemi çorba ılıkken yapın.
- Kısık ateşte 5 dakika daha pişirin.

2 porsiyon	20 dk.	yaz - kış

fırında balık ve sebze kroket

1 orta boy patates

150 gr. fileto beyaz etli balık

1 orta boy havuç

1 küçük pırasanın beyazı

4-5 çiçek brokoli

1 tutam ince kıyılmış maydanoz

Panelemek için ekmek kırıntısı veya panko

Yapılışı

- Patatesi haşlayın ve püre yapın.
- Balığı 10 dakika az suda haşlayın.
- Havucu soyun, minik küp doğrayın.
- Pırasayı ince doğrayın ve robottan geçirin.
- Pırasa, havuç, brokoli çiçekleri ve maydanozu bir arada hafif haşlayın.
- Patates püresi ve haşlanmış sebzeleri birleştirin ve yoğurun.
- Bu harcın yarısıyla top şeklinde köfteler hazırlayın.
- Kalan harcı haşlanmış balıkla birleştirin ve küçük toplar şeklinde hazırlayın.
- Top şeklindeki sebzeli ve balıklı köfteleri ekmek kırıntısına bulayıp ayrı kaplarda 180 derece ısıtılmış fırında 10 dakika pişirin.

Notlar

- *Bu kroketleri hazırlayıp daha sonra kullanmak üzere buzluğa koyabilirsiniz. Ayrıca kroketleri pişirmeden önce biraz buzdolabında bekletirseniz daha lezzetli olacaktır.*
- *Kroketleri önce una bulayıp sonra sıvıyağda da kızartabilirsiniz.*

12~18 aylık

2 porsiyon | 20 dk. | kış

balık köftesi

150 gr. beyaz etli fileto balık (Dilbalığı kullanacaksanız 200 gr.)

1 adet orta boy patates

1 adet orta boy havuç

1/4 küçük soğan

1 tutam maydanoz

1 yumurta

1 çorba kaşığı galeta unu

1 çorba kaşığı sıvıyağ

Yapılışı

- Havuç ve patatesi minik doğrayın, 10-15 dakika haşlayın.
- Haşlanmış patates, havuç, ince kıyılmış soğan ve maydanozu bir kapta karıştırın.
- Balığı minik doğrayın ve patatesli harcın içine katın.
- Bu harçtan yassı köfteler yapın.
- Yumurtayı bir kapta çırpın. Galeta ununu yumurtaya ekleyin.
- Köfteleri karışıma batırıp az sıvıyağla yanmaz tavada 3-4 dakika pişirin.

2 porsiyon	20 dk.	kış

amerikan usulü balık çorbası

1/4 küçük soğan
2 yemek kaşığı rende havuç
1 yemek kaşığı ince kıyılmış kereviz sapı
1 yemek kaşığı un
1 yemek kaşığı tereyağı
1 büyük patates küp doğranmış
200 gr. beyaz etli balık
400 ml. süt
250 ml. su

Yapılışı

- Tereyağını tencerede eritin. İnce kıyılmış soğanı hafif pembeleştirin.
- Havucu ve kerevizi ekleyin. Üzerine unu serpiştirin. Sebzeleri 1-2 dakika tereyağında unla soteleyin.
- Suyu ve sütün yarısını ekleyin.
- Minik küp şeklinde doğradığınız patatesi de koyduktan sonra ara sıra karıştırarak kısık ateşte 15 dakika pişirin.
- Son olarak parçalara böldüğünüz balıkları ve kalan sütü ekleyin. 10 dakika daha kısık ateşte pişirin.

Notlar

- *Chowder denilen bu balık çorbası, Amerika'da bebek ve çocuklara çok pişirilir. Normal çorbaya göre daha kıvamlı olur. Daha çok yemek gibidir. Bebeğinize yumurta terbiyesi kullanmadan, bol sebzeli ve lezzetli bir balık çorbası vermek isterseniz bu tarif iyi bir alternatif olabilir.*

12~18
aylık

2 porsiyon	20 dk.	yaz - kış

tavuklu tel şehriye

100 gr. tavuk eti

1 çay bardağı tel şehriye

1 tatlı kaşığı tereyağı

1,5 çay bardağı su veya tavuk suyu

Yapılışı

- Tavuk etini haşlayın, ince didikleyin.
- Tel şehriyeyi tereyağında pembeleştirin. Didilmiş tavuk etlerini katın ve karıştırın.
- Üzerine tavuk suyunu ekleyin. Kısık ateşte suyunu çekene kadar 10 dakika pişirin. Altını kapattıktan sonra kapağını hiç açmadan 5 dakika kadar demlendirin.

Notlar

- *Tel şehriyeyi bebeğinizin ağız tadına göre rende havuçlu ve bezelyeli olarak da pişirebilirsiniz. Bezelye ekleyeceğiniz zaman bezelyeyi önceden 10 dakika haşlayın.*

2 porsiyon	20 dk.	kış

somon sote

1 küçük patates
100 gr. somon
1 adet közlenmiş kırmızıbiber
4-5 adet arpacıksoğanı
2 diş sarmısak
1 tatlı kaşığı zeytinyağı
1 su bardağı su

Yapılışı

- Patatesi elma dilimi şeklinde doğrayın.
- Somonu iri küpler halinde doğrayın.
- Közlenmiş biberi kısa şeritler halinde kesin.
- Sarımsağı ince kıyın, soğanları bütün bırakın.
- Soğan ve sarımsağı zeytinyağında soteleyin. Üzerine patates, közlenmiş biber ve 1 su bardağı su ekleyip 10 dakika kısık ateşte pişirin.
- Malzeme piştikten sonra somonu ekleyin, yumuşayana kadar pişirin.

6 porsiyon | 30 dk.

şekersiz sütlaç

1 çay bardağı pirinç
1/2 litre su
1 litre süt
2 yemek kaşığı pirinç unu
Üzüm pekmezi veya bal

Yapılışı

- Pirinçleri yıkayın, iyice yumuşayıp suyunu çekene kadar haşlayın.
- Üzerine soğuk sütü ekleyin, karıştırın ve kaynatın.
- Ayrı bir kâsede 2 yemek kaşığı pirinç ununu az soğuk suda ezin, üzerine 1-2 kaşık sıcak süt ekleyerek ılıtın. Bu karışımı yavaş yavaş karıştırarak tencereye ekleyin.
- Kısık ateşte biraz daha kaynattıktan sonra kıvam alınca kâselere paylaştırın.
- Üzerine bal veya pekmez gezdirerek bebeğinize yedirebilirsiniz.

10 porsiyon | 25 dk.

havuçlu kek

3 yumurta

1 su bardağı şeker

3/4 çay bardağı sıvıyağ

2 çay bardağı un (180 gr.)

1 çay kaşığı karbonat

1 su bardağı rendelenmiş havuç

1 su bardağı dövülmüş ceviz

1 çay kaşığı toz tarçın

Yapılışı

- Yumurta ve şekeri çırparak köpürtün.
- Sıvıyağı ekleyip çırpmaya devam edin.
- Üzerine elenmiş unu, karbonatı ilave edin ve çırpın.
- Havucu, cevizi ve tarçını ekleyin, kaşıkla karıştırın.
- Kullanacağınız kalıbı hafifçe yağlayın.
- Önceden 180 derece ısıtılmış fırında 25 dakika pişirin.

12~18
aylık

10 porsiyon | 25 dk.

muzlu kek

Keki için

1/2 su bardağı toz şeker

3/4 çay bardağı tereyağı

1/2 çay bardağı sıvıyağ

2 yumurta

3 tepeleme çorba kaşığı yoğurt (125 gr.)

1/4 su bardağı süt

1,5 su bardağı un (225 gr.)

1 çay kaşığı kabartma tozu

1 çay kaşığı karbonat

1 paket vanilya

1/2 çay kaşığı muskat

1 çay kaşığı tarçın

3 adet orta boy muz

Üzeri için

1/2 kutu beyaz krem peynir (100 gr.)

1/2 kutu labne (100 gr.)

2/3 çay bardağı pudraşekeri

Yapılışı

- Şeker ve tereyağını çırparak köpürtün.
- Yumurtaları ekleyip çırpmaya devam edin.
- Yoğurt ve sütü ekleyin, çırpmaya devam edin.
- Üzerine elenmiş unu, kabartma tozu, karbonat, vanilya, muskat ve tarçını ekleyin. Karışımı iyice çırpın.
- Muzları ayrı bir kapta ezin, kek karışımına ekleyin; tahta kaşıkla karıştırın.
- Kek kalıbını hafif yağlayın ve unlayın. Önceden 180 derece ısıtılmış fırında 25 dakika pişirin.

Üzeri için

- Krem peynir, labne ve pudraşekerini bir kapta iyice çırpın. Bu karışımı kek ılıkken üzerine dökün.

Not

- *Kararmış muzları değerlendirerek bebeğiniz ve çocuklarınız için evde pişirebileceğiniz hafif ve sağlıklı bir pasta tarifidir. Arzuya göre içine ceviz de ekleyebilirsiniz.*

| 18 ~ 24 aylık dönem |

artık her şey!

Dr. Gülnihal Şarman

Yenidoğan ve Çocuk Hastalıkları Uzmanı

İnce motor becerileri artıyor

Hamuru yuvarlar, elindekileri üst üste dizer, parmaklarıyla kuru üzümü bir kaptan çıkarabilir. İnce işleri yapabilmek onu fazlasıyla keyiflendirecektir. Örneğin kesilmiş dilimleri yerleştirmesi, hamur açılırken kendi poğaçasını yuvarlaması gibi...

Görev adamı olmak istiyor!

Sofrayı kurarken basit görevler almak ve size yardım etmek çok hoşuna gidecektir. Sofrayı beraber kurabilirsiniz; o kendi tabak, bardak ve çatal bıçak takımını masaya koyabilir. Taşıması için eline kırılmayacak ve batmayacak şeyler verebilirsiniz.

O dişler boşuna çıkmadı!

Püre şeklinde beslemeye son verilmiş olmalıdır. Ağzı, artık besinleri öğütmek, çiğnemek ve yutmaya hazırlamak için birçok dişle dolu. Bu dönemde bebeğiniz her şeyi çiğneyip koparарak yiyebilir; tabii bazen onu sizin yüreklendirmeniz gerekir. Kuzu pirzola, çöp şiş, tavuk bageti kendisi ısırarak yiyebilir ve bundan keyif alır.

Ne kadar yemeli?

Çocukların besin ihtiyaçları günlük aktivitelerine, büyüme hızlarına ve metabolizmalarına göre farklılık gösterir.

1,5-2 yaş grubu çocukların yediği miktar günden güne çok değişir. Bir gün 2 kişinin yiyeceği kadar kahvaltı ederken ertesi gün hiçbir şey yemeyebilir. Bu yaş grubu çocukların yediği miktarlar genellikle aile fertleri tarafından az bulunur. Yiyeceği miktar onu büyütecek ve sağlığını devam ettirecek kadar olmalıdır. Bu dönemde günlük ortalama 1000 kalori alması yeterlidir. Bunu sadece bir bilgi olarak not alın ve lütfen her öğünün kalori hesabını yapmayın.

Hangi besinden ne kadar vermeli?

Her santim boy için günde 15 kalori alması yeterlidir. Boyu 90 cm olan 2 yaşındaki bir çocuğun günde 1350 kalori... Besin gruplarını karıştırarak "karışık besinli öğünler" hazırlayın. Aşağıdaki tabloda, besin gruplarından günde ne kadar verilmesi gerektiği görülmektedir.

Bırakın kendisi yesin

1 yaşından itibaren kendi kendine yemesine olanak sağlayın. 18. ayında kaşıkla yiyebilmesi gerekir, ona kaşık verin. Bırakın yemeğinin bir kısmını döke saça yesin. Kaşık ve çatal kullanarak yemeğe çalışmasına izin verin. Becerilerine uygun yemek takımları kullanın! Tutuşu kolay kaşıklar, altı vantuzla yapışan tabaklar, sert plastik (BPA içermeyen) içme kapları... Asla keskin bıçak vermeyin.

Seçicilik başlayabilir

Önceden yediği yemekleri beğenmemeye ve yememeye başlayabilir. Seçmeye başladığı besinleri tamamen listesinden çıkarmayın. Örneğin domates yemiyorsa makarnasına sos yapın veya mücverin içine katın. Olmadı dilim dilim doğrayıp siz yiyin ve yediğinizi görmesini sağlayın.

Çok seçenekli beslenmeye, onu sıkmadan ve baskı yaratmadan yönlendirmeye çalışın. Bu konuda birkaç yöntem deneyebilirsiniz:

- Örneğin pilavı çok seviyorsa, pilav dışında başka yemek yemeyi reddediyorsa pilavın yanında yemesi gereken ikinci bir besin daha ekleyin. Köfte-pilav, tavuk-pilav, nohut veya kuru fasulye-pilav gibi. Fakat bu menüleri her gün tekrarlamayın. Bu sefer sadece pilav ile yeme eğiliminde olacaktır.

- Et veya balık verirken yanına havuç, brokoli, kabak, karnabahar gibi haşlanmış minik sebzeler koyun. Bunların hepsini yemese bile siz tabağına koyun, görerek alışması çok önemlidir.

İştahsız bir çocuğun yeme konusunda olumlu duyumlar alması çok önemlidir. Yiyebildikleri konusunda takdir edin, yiyemediklerinin üzerinde durmayın.

Sofrada beraber

Günde en az bir öğünde birlikte olmaya çalışın. Günümüzün yüksek tempolu şehir yaşamında aile sofrası kavramını yitirmemek önemlidir. Öğünü çok aksamayacaksa sizi beklemesini sağlayın ve birlikte yemeyi deneyin. Sofrada sizin oturuşunuz, çatal bıçak kullanışınız, değişik yemeklerden tatmanız ona örnek olacaktır. Kendisi hepsinden tatmasa da sofradaki yemek seçenekleri belleğinde yer edecektir. Tabii iyi örnek olmak da size düşüyor.

besin grubu	günlük toplam sunum adedi	örnek porsiyon
TAHILLAR	2-3	Bulgur, pilav, makarna (2 çorba kaşığı) Ekmek: 1/2 dilim (tam buğday tercih edilmeli)
SEBZELER	2-3	Her yaşa 1 çorba kaşığı
MEYVELER	2-3	1/2 meyve veya 5-6 adet minik meyve
SÜT VE YOĞURT	2-3	100 ml. süt, 1 kibrit kutusu peynir 75 ml. yoğurt, 75 ml. kefir
PROTEİNLER Et, tavuk, balık	2	1 adet pirzola, 2 köfte (orta boy), 1 kibrit kutusu balık, 1/2 yumurta
KURU BAKLİYAT	1-2	1 fincan mercimek, nohut, kuru fasulye

18~24
aylık

1 porsiyon | 10 dk.

bal kaymaklı kahvaltı

Taze kaymak ve bal

Tuzu alınmış beyazpeynir

Domates ve salatalık

Taze ekmek

Yapılışı

- Bal ve kaymağı ekmeğe sürerek küçük lokmalar halinde bebeğinize yedirebilirsiniz.
- Bebeğinizin kendi ekmeğine sürmesine veya bir çay kaşığıyla tadına bakmasına izin verin.
- Domates ve salatalığın kabuğunu soyun, bebeğinizin çatal batırıp yiyebileceği veya elle alabileceği büyüklükte doğrayın.

Kahvaltıya alıştırma dönemi

- İki yaşına doğru bebeğinizin kahvaltı alternatiflerini artırın.
- Kahvaltıya alışması, ileride okul hayatında ve yetişkinliğinde sağlıklı beslenme alışkanlığı edinmesi açısından çok önemlidir.
- Bebeğinize farklı kahvaltı alternatifleri sunun, tatil günleri ve hafta sonları onunla beraber kahvaltı yapmaya özen gösterin.

Kahvaltı önerileri

- Klasik Türk kahvaltısı (peynir, zeytin, bal-kaymak, domates-salatalık)
- Peynirli omlet, sahanda yumurta, sütlü yumurta, menemen
- Peynirli tost veya peynirli simit
- Taze meyveli, kuru meyveli ve bol tahıllı müsli
- İçecek olarak süt (tercihen sade ve şekersiz), bitki çayı
- **Hafta sonu sürprizi**: Yumurtalı ekmek, krep, pankek

18~24
aylık

1 porsiyon | 10 dk.

yumurtalı ekmek

1 adet yumurta

2-3 dilim bayat ekmek
(tercihen tam buğday ekmeği)

1 çay kaşığı mısır unu

1 çorba kaşığı sıvıyağ

Yapılışı

- Yumurtayı bir kapta çırpın.
- Üzerine mısır unu ve sütü ekleyip iyice çırpın.
- Bayat ekmeği önlü arkalı yumurtaya bulayın ve 1-2 dakika yumurtanın içinde bırakın.
- Hafif yağladığınız tavada önlü arkalı kızartın.

Notlar

- *Bu tarifin içine bebeğinizin ağız tadına göre ezilmiş tuzsuz beyazpeynir, rendelenmiş kaşar veya dilpeyniri ekleyebilirsiniz. Yumurtalı ekmeği, üzerine bal veya pekmez gezdirerek de bebeğinize yedirebilirsiniz.*

18~24
aylık

1 porsiyon	10 dk.	yaz

menemen

2 orta boy domates

1 adet tatlı yeşil biber

1 adet yumurta

1 çorba kaşığı zeytinyağı

Arzuya göre 1 tatlı kaşığı lor
rende beyazpeynir veya rende dilpeyniri

Yapılışı

- Domatesin kabuklarını soyun ve rendeleyin.
- Biberi halka şeklinde doğrayın.
- Tavaya zeytinyağını koyun, biberleri 1 dakika zeytinyağında çevirin.
- Üzerine domatesi ekleyin ve kısık ateşte 5 dakika pişirin.
- Eğer peynir kullanacaksanız peyniri ekleyin ve karıştırın.
- Üzerine yumurtayı kırın ve karıştırın. Ekmekle bebeğinize yedirebilirsiniz.

Notlar

- *Menemen, bebeğinize hem kahvaltı hem de öğle yemeği olarak pişirebileceğiniz sağlıklı alternatiflerden biridir. Yazın çok sıcak günlerinde bebeğiniz o gün kahvaltıda yumurta yemediyse öğle yemeği olarak da verebilirsiniz.*

2 porsiyon | 30 dk. | yaz - kış

yeşil mercimekli bulgur pilavı

1/2 çay bardağı yeşil mercimek

1 küçük soğan

1 diş sarmısak

1 orta boy domates veya 1 tatlı kaşığı domates salçası

2 yemek kaşığı sıvıyağ

1 çay bardağı bulgur

500 ml. tavuk suyu veya su

Yapılışı

- Yeşil mercimeği 10 dakika haşlayın ve süzün.
- Soğan ve sarmısağı ince kıyın, sıvıyağda domates veya salçayı ekleyerek soteleyin.
- Bulguru ekleyip karıştırmaya devam edin. En son yeşil mercimeği ekleyin.
- Üzerine tavuk suyunu ekleyin. Kısık ateşte 20 dakika pişirin.

Notlar

- *Bu tarifte yeşil mercimek yerine tavuk, dana veya kuzu eti de kullanabilirsiniz. Çeşitli malzemelerle hazırlayacağınız bulgur yemeği iki yemeği aynı anda yemeyi sevmeyen, iştahsız çocuklar için iyi bir alternatif olabilir.*

18~24
aylık

2 porsiyon	30 dk.	yaz

kıymalı bezelye

1 küçük soğan
1 diş sarmısak
1 küçük havuç
1 küçük patates
1 orta boy domates
4 çorba kaşığı zeytinyağı
250 gr. ayıklanmış bezelye
100 gr. yağsız dana kıyma
750 ml. su
Arzuya göre ince kıyılmış dereotu

Yapılışı

- Soğan ve sarmısağı ince kıyın.
- Havuç ve patatesi minik küpler halinde doğrayın.
- Domatesin kabuğunu soyun ve doğrayın.
- Soğan, sarmısak, havuç ve kıymayı zeytinyağında 1-2 dakika çevirin.
- Üzerine patates, bezelye ve domatesi ekleyin. Malzemeyi 1-2 dakika daha soteleyin.
- Suyunu ekleyip kısık ateşte 25-30 dakika pişirin.
- Piştikten sonra üzerine dereotu ekleyip ocaktan alın.

2 porsiyon | 20 dk. | yaz - kış

sebze soslu arpa şehriye

1 küçük çay bardağı arpa şehriye

1 çorba kaşığı sıvıyağ

200 ml. tavuk suyu

Sebze Sosu - Yaz sebzeleriyle

1 küçük havuç

1 küçük kabak

1 diş sarmısak

1 küçük kırmızıbiber

2 tatlı kaşığı zeytinyağı

1 çay bardağı su veya tavuk suyu

1 tutam maydanoz

Sebze Sosu - Kış sebzeleriyle

1 küçük havuç

2-3 yaprak ıspanak

1-2 adet brokoli çiçeği

1 küçük pırasanın beyaz kısmı

2 tatlı kaşığı zeytinyağı

1 çay bardağı su veya tavuk suyu

Yapılışı

- Sıvıyağda arpa şehriyeleri pembeleşinceye kadar kavurun. Üzerine tavuk suyunu ilave edin. Çok kısık ateşte suyunu çekip yumuşayıncaya kadar pişirin.

Sebze sosu

- **Yaz sebzeleriyle**: Bir tencerenin içine havuç ve kabağı küp küp doğrayın. Sarmısağı ince kıyın. Kırmızı biberi ortadan ikiye kesin, çekirdeklerini çıkarın, bütün bırakın. Maydanozu ekleyin. Tüm sebzeleri zeytinyağını da ekleyerek haşlayın.
- Piştikten sonra kırmızı biberin kabuğunu soyun. Tüm sebzeleri robottan geçirip püre haline getirin ve arpa şehriyenin üzerine ekleyerek bebeğinize yedirin.

- **Kış sebzeleriyle**: Havucu küp doğrayın. Ispanak yapraklarını ve brokoli çiçeklerini doğrayın. Pırasanın beyaz kısmını bütün bırakın. Tüm malzemeyi zeytinyağını da ekleyerek haşlayın. Pırasayı çıkardıktan sonra kalan sebzeleri robottan geçirin. Arpa şehriye üzerine ekleyerek bebeğinize yedirin.

18~24 aylık

2 porsiyon	20 dk.	yaz ~ kış

nohutlu risotto

2 arpacıksoğanı

1 diş sarmısak

2 tatlı kaşığı zeytinyağı

2 küçük domates

50 gr. yağsız dana kıyma

3/4 kahve fincanı pirinç

50 gr. haşlanmış ve kabukları soyulmuş nohut

1 tutam ince kıyılmış maydanoz

300 ml. su

Yapılışı

- Soğan ve sarmısağı ince kıyın, zeytinyağında 1-2 dakika pembeleştirin. Üzerine kıymayı ve domatesi ekleyin, kıymayı parçalayarak ve incelterek pişirin.
- Pirinçleri ekleyin, 1-2 dakika daha çevirin.
- Nohutu ekleyin ve üzerine suyunu koyup kısık ateşte ara sıra karıştırarak 20 dakika pişirin.
- Pişmeye yakın üzerine ince kıyılmış maydanozu ekleyin.

Notlar

- *Haşlanmış ve kabukları soyulmuş nohutu bebeğiniz için porsiyonluk olarak buzlukta dondurabilir, pişireceğiniz zaman kullanabilirsiniz.*
- *Nohutu kuşbaşı etle veya sade hazırlayıp nohut yemeği olarak da yedirebilirsiniz.*

2 porsiyon | 30 dk. | yaz - kış

etli kuru fasulye ve cacık

1 küçük soğan

1 diş sarmısak

1 adet orta boy yeşil biber

1 çorba kaşığı zeytinyağı

1 tatlı kaşığı domates salçası veya tatlı biber salçası

50 gr. yağsız kuşbaşı dana veya kuzu eti

2 çay bardağı haşlanmış, kabukları soyulmuş kuru fasulye

500 ml. su

Cacık için

1 adet salatalık

4 çorba kaşığı yoğurt

Kuru nane

1 çay kaşığı zeytinyağı

Yapılışı

- Yeşil biberi halka doğrayın.
- Soğan ve sarmısağı ince kıyın. Zeytinyağında biberlerle 1-2 dakika soteleyin.
- Üzerine eti ve salçayı ilave edin, kısık ateşte birkaç dakika daha soteleyin.
- Suyun yarısını etin üzerine ekleyip kısık ateşte 20-25 dakika pişirin.
- Daha sonra üzerine kuru fasulyeleri ve kalan suyu ekleyin.
- Kısık ateşte bir süre daha pişirin.

Cacık

- Salatalığı rendeleyin. Yoğurdu ayrı bir yerde çırparak koyu ayran kıvamına getirin. İçine rendelenmiş salatalığı ekleyin. Üzerine 1 çay kaşığı zeytinyağı ve kuru nane ekleyebilirsiniz.

18~24
aylık

2 porsiyon | 20 dk. | yaz - kış

tel şehriyeli tavuk çorbası

150 gr. tavuk eti
1 küçük soğan
2 diş sarmısak
1/2 çay bardağı tel şehriye
1 tutam maydanoz
2 çorba kaşığı zeytinyağı
500 ml. tavuk suyu

İsteğe göre eklenebilecek sebzeler
1 küçük havuç
1 küçük pırasanın beyaz kısmı
1/2 küçük kereviz
1 küçük kabak
1 çorba kaşığı bezelye

Yapılışı

- Sebzeleri rendeleyin veya küp şeklinde doğrayın. Pırasa kullanacaksanız bütün bırakın.
- Tavuk etini minik parçalar halinde didikleyin.
- Soğan ve sarmısağı ince kıyın. Zeytinyağında hafif pembeleştirin.
- Üzerine önce tavuk etini, sonra kullanacağınız sebzeleri ekleyip tüm malzemeyi 1-2 dakika soteleyin.
- Maydanozu bebeğiniz rahat yiyebiliyorsa ince kıyın, yoksa bütün olarak ekleyip piştikten sonra çıkarın.
- Üzerine tavuk suyunu ekleyin. Kısık ateşte 15 dakika pişmeye bırakın.
- Tel şehriyeyi ekleyin. 5 dakika daha kısık ateşte pişirin.
- 1-2 damla limon suyu ekleyerek bebeğinize yedirin.

18~24
aylık

2 porsiyon | 20 dk. | kış

kâğıtta levrek

150 gr. fileto levrek
1 küçük havuç
1 küçük patates
1 küçük pırasanın beyaz kısmı
1 orta boy domates
4-5 adet arpacıksoğanı
2 diş sarmısak
1 tutam maydanoz
2 çorba kaşığı zeytinyağı
Arzuya göre 1-2 damla limon suyu

Yapılışı

- Havucu halka, patatesi elma dilimi yapın.
- Pırasayı bütün olarak bırakın.
- Domatesin kabuğunu soyun ve doğrayın.
- Arpacıksoğanlarını bütün bırakın. Sarmısakları ince kıyın, havuçla birlikte zeytinyağında pembeleştirin.
- Üzerine patatesi ekleyip 1-2 dakika daha soteleyin.
- Bir parça yağlı kâğıdın içine fileto balığı, üzerine sotelediğiniz diğer sebzeleri, pırasayı, maydanoz yapraklarını ve domatesi koyun.
- Yağlı kâğıdı porsiyonluk fırın kabına yerleştirin, çok az su ekleyin ve kâğıdı katlayarak kapatın. 200 derece fırında 15-20 dakika pişirin.

Notlar

- *Bu tarifi dil balığı, mezgit gibi herhangi bir fileto balıkla da yapabilirsiniz. Dilbalığını da (hafif bir balık olduğu için) 200-250 gr'a kadar bebeğinize yedirebilirsiniz.*

18~24
aylık

2 porsiyon | 20 dk. | yaz - kış

cevizli ev eriştesi

1 çay bardağı ev eriştesi

1 tatlı kaşığı tereyağı

2 çay bardağı tavuk suyu veya su

Yapılışı

- Erişteleri tereyağında pembeleştirin.
- Üzerine tavuk suyunu ekleyin. Çok kısık ateşte 20 dakika pişirin.
- 10 dakika demlendikten sonra, üzerine arzuya göre peynir ve ceviz ekleyebilirsiniz.

bebek yemeklerinde erişte

- Ev eriştesi kullanmayı tercih edin. Tahıllı ve kepekli erişte de kullanabilirsiniz.
- Erişteyi taze pişirip hemen yedirin. Erişte bekledikçe yapışır ve katılaşır.
- Erişte normal makarnaya göre daha doyurucu ve besleyicidir. Bu nedenle bebeğinizin erişte porsiyonu, makarna ve pilav porsiyonundan az olabilir.
- Evde yemek olmadığı zaman kısa sürede hazırlayıp yedirebileceğiniz pratik ve besleyici yemeklerden biridir. Yeşil mercimek yemeğinde ve çeşitli çorbalarda da erişte kullanabilirsiniz.

3 porsiyon | 30 dk. | yaz ~ kış

tantuni

4 adet domates

2 adet yeşil biber

1 adet kırmızıbiber

1 orta boy soğan

1 diş sarmısak

250 gr. tantunilik yağsız kuzu eti

1/2 çay kaşığı kuru kekik

2 çorba kaşığı sıvıyağ

Yapılışı

- Domatesin kabuklarını soyun, minik doğrayın; ince elekten geçirerek suyunu iyice süzün, çekirdeklerini ayırın.
- Biberleri minik doğrayın.
- Soğanı ve sarmısağı ince kıyın. Sıvıyağda, minik doğranmış biberlerle birlikte soteleyin.
- Üzerine etleri ve domatesi ekleyin.
- Ağzı açık olarak, karıştırarak ve suyunu çektirerek etleri pişirin.
- Piştikten sonra üzerine kuru kekik ekleyebilirsiniz.
- Yanında söğüş domates, salatalık veya rende havuç salatasıyla yedirebilirsiniz.

Notlar

- *2 yaşına doğru bebeğiniz etleri parçalayarak rahatlıkla yemeye başlayabilir. Tantuni olarak hazırlanmış kuzu etini, çok minik olduğu için ilk başlarda tercih edebilirsiniz.*
- *Bebeğinize et yedirirken yanında pilav veya makarna vermek yerine sebze ya da salata vermeyi tercih edin.*

18~24 aylık

2 porsiyon	30 dk.	yaz

zeytinyağlı barbunya

250 gr. taze barbunya
1 büyük boy domates
1 orta boy havuç
1 küçük soğan
1 diş sarmısak
4 çorba kaşığı zeytinyağı
1 tutam maydanoz
500 ml. su

Yapılışı

- Barbunyaları önceden ayrı bir tencerede 15 dakika haşlayıp süzün.
- Domateslerin kabuğunu soyun ve rendeleyin.
- Havucu yıkayın, soyun ve yarım ay şeklinde doğrayın.
- Soğan ve sarmısakları ince kıyın, zeytinyağında havuçlarla birlikte pembeleştirin.
- Üzerine barbunyaları, domatesi ve suyunu ilave edin.
- Kısık ateşte barbunyalar tam olarak yumuşayana kadar pişirin.
- Piştikten sonra üzerine kıyılmış maydanozu ekleyin ve ocaktan alın.

Notlar

- *Zeytinyağlı barbunya, bebeğinize verebileceğiniz en sağlıklı zeytinyağlı yemeklerdendir. Yazın çok sıcak günlerinde her gün etli ve kıymalı yemek vermek yerine arada hafif ve zeytinyağlı alternatifleri de deneyebilirsiniz.*

18~24
aylık

2 porsiyon | 20 dk. | kış

hamsi buğulama

1 orta boy soğan
2 iri diş sarmısak
2 yemek kaşığı zeytinyağı
200 gr. temizlenmiş hamsi
1/2 çay bardağı su
1 limon
1/2 demet maydanoz
Az tuz ve karabiber

Yapılışı

- Soğanı halka halka dilimleyin.
- Tencereye zeytinyağını koyun. Sarmısakları ince kıyın ve 1-2 dakika soteleyin. En alta dilimlenmiş halka soğanları, üzerine temizlenmiş hamsileri dizin.
- Hamsilerin üzerine limon dilimlerini ve en üste maydanozları koyun.
- Üzerine az su ekleyin. Kısık ateşte kapağı kapalı olarak 20 dakika pişirin.
- Piştikten sonra limon dilimlerini ve maydanozları alın.
- Suyuna ekmek batırarak hamsileri yedirebilirsiniz.

Notlar

- *2 yaşına doğru bebeğinize, omega 3 bakımından oldukça zengin olan, kış mevsiminde bolca bulunan hamsi balığını vermeye başlayabilirsiniz.*
- *Aynı şekilde yüksek omega 3 içeren, yaz başında çıkmaya başlayan ve bir mevsim balığı olan sardalyayı da bu şekilde hazırlayıp yedirebilirsiniz.*

2 porsiyon	30 dk.	yaz - kış

sebzeli hindi sote

5 adet arpacıksoğanı

2 diş sarmısak

2 adet yeşil biber

1 adet kırmızıbiber

4 kaşık zeytinyağı

1 tatlı kaşığı domates salçası

200 gr. kuşbaşı hindi

1 orta boy domates

500 ml. su

Yapılışı

- Soğanları soyun ve bütün bırakın. Sarmısakları ince kıyın.
- Biberleri halka halka doğrayın.
- Soğan ve sarmısakları zeytinyağında 1-2 dakika soteleyin.
- Salçayı, biberleri ve hindi etini ekleyin, 1-2 dakika daha soteleyin.
- Üzerine doğranmış domatesi ve suyunu ekleyip kısık ateşte hindi etleri tam olarak yumuşayana kadar 30 dakika pişirin.

Notlar

- *Hindi etini zaman zaman tavuk etine alternatif olarak kullanabilirsiniz. Böylece bebeğinizin ağız tadı ve menüsü için değişiklik yaratmış olursunuz.*
- *Bebeğiniz iki yaşına yaklaştıkça çatalını batırıp yiyebileceği şeyler hoşuna gitmeye başlayacaktır. Örneğin sote yemeklerde arpacıksoğanlarını bütün bırakabilirsiniz, sebzeli yemeklere patatesi, havucu, biberi çatala gelir büyüklükte doğrayabilirsiniz.*

4 porsiyon	20 dk.	yaz - kış

dilpeynirli tavuk köftesi

2 adet Etimek
250 gr. tavuk göğsü
1 orta boy soğan
1 tutam maydanoz
1 çorba kaşığı rendelenmiş dilpeyniri
1 yumurta
1 tatlı kaşığı zeytinyağı
Az kimyon veya karabiber

Yapılışı

- Etimeği robottan geçirin ve bir kaba koyun.
- Tavuk göğsünü kuşbaşı doğrayın. Bir kez robottan geçirin.
- Soğanı ve maydanozu ince kıyın.
- Robottaki tavuk etinin üzerine soğanı, Etimek kırıntısını, yumurtayı, maydanoz ve zeytinyağını ekleyin. Tüm malzeme iyice karışana kadar robottan geçirip ayrı bir kaba alın.
- Üzerine kimyon veya karabiber, az tuz ve dilpeynirini ekleyip yoğurun.
- Minik yassı köfteler şeklinde hazırlayın.
- Yapışmaz tavada önlü arkalı kızartın.

4 porsiyon | 20 dk. | kış

yağda parmak balık

Fileto mezgit veya dilbalığı

Un

Sıvıyağ

Yapılışı

- Balığı parmak boyutunda parçalara kesin.
- Balık parçalarını önlü arkalı una buladıktan sonra sıvıyağda kızartın.
- Yanında rende havuç salatası, haşlanmış sebze veya söğüş domates ve salatalıkla yedirebilirsiniz.

Notlar

- *Balığı, yemeyi reddeden çocuğa, parmak şeklinde kızartarak rahatlıkla yedirebilirsiniz.*

4 porsiyon | 20 dk. | kış

fırında parmak balık

200 gr. beyaz etli fileto balık

1/2 su bardağı süt

1/4 su bardağı un

Ekmek kırıntısı (Panko veya Etimek kırıntısı da kullanabilirsiniz.)

1 çorba kaşığı eritilmiş tereyağı

Yapılışı

- Balığı parmak büyüklüğünde parçalara ayırın.
- Bir kaba sütü, düz bir tabağa unu koyun.
- Başka bir tabakta eritilmiş tereyağını ve ekmek kırıntısını karıştırın.
- Balık parçalarını önce süte batırın, sonra una bulayın. Sonra yine süte batırıp tereyağlı ekmek kırıntısına bulayın.
- Bir fırın tepsisine yağlı kâğıt serin. Üzerine hazırladığınız balıkları dizin.
- 220 derece ısıtılmış fırında balıklar kızarana kadar pişirin.

4 porsiyon | 30 dk. | yaz - kış

sebzeli fırın makarna

1 orta boy havuç

1 su bardağı bezelye

2 diş sarmısak

1/2 paket fiyonk veya penne makarna veya ev eriştesi

2 çorba kaşığı zeytinyağı

1 kutu tane mısır

1 tutam frenk soğanı

1 tutam maydanoz

Beşamel sos için

1 yemek kaşığı tereyağı

1 yemek kaşığı un

2,5 su bardağı süt

Kaşarpeyniri ve beyazpeynir rendesi karışımı

Yapılışı

- Havucu yıkayın, minik küp şeklinde doğrayın. Sarmısağı ince kıyın.
- Zeytinyağında havuç, bezelye ve sarmısağı soteleyin, üzerine az su ekleyip 15 dakika pişirin.
- Bir tencerede unu tereyağıyla kavurun. Sütü ilave edin, karıştırarak beşamel sosu elde edin.
- Makarnayı 7-8 dakika haşlayıp süzün ve sote sebzeler, süzülmüş mısır, frenk soğanı, maydanoz ve beşamel sosla güzelce harmanlayın.
- Karışımı bir fırın kabına dökün ve 180 derece ısıtılmış fırına koyun. 20 dakika pişirin.
- Pişmeye yakın üzerine peynir karışımını dökün.

1 porsiyon | 15 dk. | yaz - kış

kuzu pirzola ve çoban salata

2 adet kuzu pirzola

2 çorba kaşığı zeytinyağı

2-3 dilim halka soğan

2-3 dal taze kekik

Salata için

domates, salatalık, maydanoz, frenk soğanı

1 tatlı kaşığı zeytinyağı

Yapılışı

- Pirzolaları bir kaba koyun.
- Üzerine zeytinyağı, soğan ve taze kekiği ilave edin.
- Pirzolaları 3-4 saat buzdolabında bu sosta marine edin.
- Marine sostan çıkardıktan sonra yapışmaz bir tavada pirzolaları önlü arkalı pişirin.
- Pişen pirzolaların saplarına peçete sarın.
- Domates ve salatalığı minik doğrayın. Arzuya göre bir tutam ince kıyılmış maydanoz, tadı çok baskın olmayan frenk soğanı ve bir tatlı kaşığı zeytinyağıyla harmanlayın.
- Pirzolayı, soğansız çoban salatayla yedirebilirsiniz.

Notlar

- *2 yaşına doğru çocuklar dişleriyle ısırıp koparabilecekleri, kendi başlarına tutarak yiyebilecekleri yemekleri severler. Bazen büyük ısırarak, bazen minik ısırarak bir şekilde yemeye çabalayacak, bundan da büyük keyif alacaktır. Bu denemeleri yapmasına izin verin. Kuzu pirzola bu dönemde vermeye başlayabileceğiniz ve severek yiyebileceği bir yemektir. Ona eti nasıl yemesi gerektiğini, denemesine izin vererek gösterin. Böylece eti et olarak yemeye alışacaktır.*
- *Aynı şekilde çöp şiş de 2 yaşına gelmiş çocukların kendi başlarına yemekten keyif alacakları bir ettir. Özellikle et restoranlarında çocuğunuz için tercih edebileceğiniz en iyi alternatiflerden biridir.*
- *Çocuğunuzun menüsünde et olduğu zaman yanına patates, pilav, makarna gibi doyurucu olan, onun daha çok tercih edeceği yemekleri koymayın. Haşlanmış sebze, söğüş domates, salatalık ve havuçlu, marullu salata gibi daha hafif alternatifleri tercih edin.*

18~24 aylık

2 porsiyon	20 dk.	yaz - kış

falafel

100 gr. haşlanmış ve kabuğu soyulmuş nohut

2 tatlı kaşığı tahin

1 tatlı kaşığı limon suyu

1 yumurta sarısı

100 gr. kabak

100 gr. havuç

1 dilim bayat ekmek

Az tuz ve kimyon

4 tepeleme çorba kaşığı un

Sıvıyağ

Dip sos için

2 yemek kaşığı süzme yoğurt

Kuru nane

1 çay kaşığı zeytinyağı

Yapılışı

- Haşlanmış nohutu pürüzsüz olana kadar robottan geçirin. Daha sonra içine tahin, limon suyu, yumurta sarısı, az kimyon, az tuz ekleyerek tekrar robottan geçirin.
- Kabak ve havucun dışını sıyırın, minik küpler şeklinde doğrayın.
- Nohutlu karışıma kabak, havuç ve ufalanmış ekmek içini ekleyin ve yoğurun.
- Top şeklinde küçük köfteler yapın, una bulayıp altın rengini alıncaya kadar kızartın.
- Yoğurdu biraz sulandırıp çırpın. Üzerine kuru nane ve zeytinyağı gezdirin.
- Falafelin yanında servis yapabilirsiniz.

Notlar

- *Bir çeşit nohut köftesi olan falafel, çocuk partileri için hazırlayabileceğiniz sağlıklı atıştırmalıklardan biridir. Çocuklarınızı her fırsatta baklagil yemeye alıştırın. Tıpkı falafel gibi baharatsız olarak hazırlayacağınız lezzetli bir mercimek köftesi de çok sağlıklı bir atıştırmalıktır.*

1 porsiyon | 10 dk.

peynirli simit ve ballı ıhlamur

1 adet simit
Krem peynir veya tereyağı
Dilpeyniri
Domates ve salatalık

Yapılışı

- Simidi dört eşit parçaya bölün. Parçaları boydan ikiye bölün.
- Ortadan ikiye böldüğünüz simitlere krem peynir veya tereyağı sürün. Üzerine dilimlenmiş dilpeynirlerini dizin.
- Yağlı kâğıt serdiğiniz tost makinesinde peynir eriyene kadar ısıtın.
- Domates ve salatalığı çatala gelecek şekilde doğrayın.
- Balla tatlandırdığınız bitki çayıyla birlikte kahvaltı veya ara öğün olarak bebeğinize sunabilirsiniz.

18~24
aylık

1 porsiyon | 15 dk.

krep

1 çay bardağı süt

1 çay bardağı un

1 yumurta

Rendelenmiş dilpeyniri

Arzuya göre bal, pekmez veya ev yapımı reçel

Yapılışı

- Sütü çırpma kabına koyun. Unu eleyerek ekleyin ve iyice karıştırın. Un içinde topak kalmamalıdır.
- Karışıma yumurtayı ekleyin, iyice karıştırın ve 10 dakika dinlenmeye bırakın.
- Hafif yağlanmış yapışmaz tavaya kepçeyle dökün.
- Bebeğinize vereceğiniz krep az pişmiş veya kurumuş olmamalıdır.
- Kreplerin içine sıcakken rendelenmiş peynir koyup ikiye katlayın. Üzerine arzuya göre bal, pekmez veya reçel de gezdirebilirsiniz.

4 porsiyon | 15 dk.

muzlu pankek

1 yumurta
2 çay bardağı süt
2 yemek kaşığı şeker
2 çorba kaşığı sıvıyağ
2 çay bardağı un (180 gr.)
1 paket kabartma tozu
1 fiske tuz
1 paket vanilya
2 adet yerli muz
Arzuya göre bal veya pekmez

Yapılışı

- Yumurtanın sarısını ve akını ayırın.
- Yumurta sarısını süt, şeker ve sıvıyağ ekleyerek çırpın.
- Üzerine un, kabartma tozu, bir fiske tuz ve vanilyayı ekleyin, çırpmaya devam edin.
- Muzu çatalla iyice ezdikten sonra karıştırarak ekleyin.
- Ayrı bir kapta yumurtanın akını köpürtün, yedirerek pankek karışımına ekleyin.
- Yanmaz bir tavayı ısıtın, pankek karışımını minik bir kepçeyle dökün.
- Küçük kabarcıklar olana kadar önce bir tarafını, sonra diğer tarafını pişirin.
- Üzerine bal veya pekmez gezdirerek yedirebilirsiniz.

Notlar

- *Pankeki muz kullanmadan sade olarak da hazırlayabilirsiniz. Üzerine bal, pekmez, akçaağaç şurubu veya ev yapımı marmelat dökerek pankeki tatlandırabilirsiniz.*

8-10 porsiyon | 10 dk.

vişneli muhallebi

Muhallebi için

1 litre + 1 su bardağı süt

1/2 su bardağı şeker

2 tepeleme çorba kaşığı pirinç unu

1 tepeleme çorba kaşığı nişasta

1 yumurta sarısı

1 paket vanilya

1 su bardağı hindistancevizi

1 paket kakaolu bisküvi

Vişne sosu için

1/2 paket dondurulmuş vişne veya
250 gr. çekirdekleri ayıklanmış taze vişne

1 su bardağı vişne suyu

1 kaşık nişasta

2 kaşık şeker

Yapılışı

- Bir tencereye 1 litre sütü, şekeri, pirinç ununu, nişasta ve yumurta sarısını ekleyip orta ateşte kabarana kadar pişirin.
- Ocaktan almaya yakın vanilyayı ekleyin, karıştırıp altını kapatın.
- Cam bir kabın tabanını hafif ıslatın ve hindistancevizi serpin.
- Ayrı bir kaba kalan sütü koyun. Kakaolu bisküvileri süte batırıp kabın tabanına dizin. Üzerine pişirdiğiniz kremanın yarısını dökün. İkinci kat olarak bisküvileri yine süte batırıp dizin. Üzerine kalan kremayı yayın.
- Buzdolabında 3-4 saat bekletin.

Vişne sosu

- Bir tencereye önce vişne suyunu, sonra nişastayı koyun. Nişastayı vişne suyunda iyice çözdürün, şekerini ekleyin ve orta ateşte ara ara karıştırarak pişirin.
- Donmuş olan bisküvili pastanın üzerine ılıkken dökün ve tekrar donmaya bırakın.
- Soğuduktan sonra üzerine hindistancevizi serpebilirsiniz.

18~24 aylık

6 porsiyon	15 dk.	yaz

meyve lolipopları

Ananaslı

5 dilim ananas

150 ml. su

Arzuya göre 1 tatlı kaşığı bal

Çilekli

100 gr. ayıklanmış çilek

200 ml. süt

1 çorba kaşığı pudraşekeri

Karpuzlu/Kavunlu

2 dilim çekirdeksiz karpuz veya kavun

Arzuya göre 1 tatlı kaşığı bal

Muzlu

1 büyük muz

200 ml. süt

1 tatlı kaşığı bal

Şeftalili

3 adet olgun şeftali

1 tatlı kaşığı bal

Yapılışı

- Kabuklu meyveleri soyup çekirdeklerini çıkarın.
- Kıvamlı bir karışım elde etmek için önce meyveyi robottan geçirin. Sonra sütü veya suyu ekleyin, bir kez daha robottan geçirin.
- Arzuya göre bal veya şeker ekleyebilirsiniz.
- Bu karışımı çubuklu dondurma kalıplarının içine dökün, en az bir gün buzlukta tutun.

Notlar

- *Bu tarifi, süt alerjisi olan bebek ve çocuklar için süt yerine yoğurt kullanarak veya sadece meyveyle hazırlayabilirsiniz.*

içindekiler

6 aylık dönem 13

Havuç ~ Patates Püresi	26
Sebze Püresi	26
Kabak Püresi	28
Sebze Püresi	30
Elma Püresi	32
Şeftali Püresi	32
Armut Püresi	32
Kayısı Püresi	34
Kayısı ve Muz Püresi	34
Elma Kompostosu	36
Karışık Meyve Kompostosu	38
Balkabağı Püresi	40
Balkabağı ve Elma Püresi	40

6 ~ 9 aylık dönem 43

Bebeğimin İlk Kahvaltısı I	48
Bebeğimin İlk Kahvaltısı II	50
Yoğurt Yapımı	52
Armut Püreli Yoğurt	54
Muzlu Yoğurt	56
Taze Kayısılı Yoğurt	56
Trabzonhurması Püresi	58
Avokado ~ Muz Püresi	60
Enginar Püresi	62
Et Suyu Stoklama	64
Tavuk Suyu Stoklama	66
Et ~ Tavuk Buz Küpleri	68
Bebeğimin İlk Sebze Çorbası	70
Bebeğimin İlk Sebze Çorbası	72
Kabak Çorbası	74
Brokoli Çorbası	76
Balkabağı Çorbası	78
Yaz Sebzeli Mercimek Çorbası	80
Kış Sebzeli Mercimek Çorbası	82
Kıymalı Ev Tarhanası	84
Yayla Çorbası	86
Balık Çorbası	88

9 ~ 12 aylık dönem 91

Sulu Köfte 96
Kıymalı Pazı Sarma 98
Etli Karışık Dolma 100
Pırasa ve Patates Çorbası 102
Kıymalı Yerelması 104
Zeytinyağlı Kereviz 106
Kıymalı Ispanak 108
Balkabaklı Risotto 110
Enginar Çorbası 112
Zeytinyağlı Semizotu 114
Patatesli, Kıymalı Taze Fasulye 116
Zeytinyağlı Yaz Türlüsü 118
Yaz Sebzeleriyle Bebek Risottosu 120
Kırmızıbiber Çorbası 122
İtalyan Köftesi 124
Balık Buğulama 126
Pekmezli Bebek Keki 128

12 ~ 18 aylık dönem 131

Kahvaltı 134
Dilpeynirli, Sütlü Yumurta 136
Bebek Müslisi 138
Ev Yapımı Granola 138
Pırasa Mücveri 140
Armutlu Kereviz Çorbası 142
Bebek Minestronu 144
Kuzu Etli Kış Türlüsü 146
Etli Sebze Çorbası 148
Terbiyeli Tavuk Çorbası 150
Pirinçli Kuru Fasulye 152
Sebzeli Kuzu Eti 154
Bulgurlu Kabak Dolması 156
Zeytinyağlı Enginar 158
Soğuk Yaz Çorbası 160
Arpa Şehriyeli Yeşil Mercimek 162
Kıymalı Kuskus 164
Terbiyeli Balık Çorbası 166
Fırında Balık ve Sebze Kroket 168
Balık Köftesi 170
Amerikan Usulü Balık Çorbası 172
Tavuklu Tel Şehriye 174
Somon Sote 176
Şekersiz Sütlaç 178
Havuçlu Kek 180
Muzlu Kek 182

18 ~ 24 aylık dönem 185

Bal Kaymaklı Kahvaltı 188
Yumurtalı Ekmek 190
Menemen 192
Yeşil Mercimekli Bulgur Pilavı 194
Kıymalı Bezelye 196
Sebze Soslu Arpa Şehriye 198
Nohutlu Risotto 200
Etli Kuru Fasulye ve Cacık 202
Tel Şehriyeli Tavuk Çorbası 204
Kâğıtta Levrek 206
Cevizli Ev Eriştesi 208
Tantuni 210
Zeytinyağlı Barbunya 212
Hamsi Buğulama 214
Sebzeli Hindi Sote 216
Dilpeynirli Tavuk Köftesi 218
Yağda Parmak Balık 220
Fırında Parmak Balık 220
Sebzeli Fırın Makarna 222
Kuzu Pirzola ve Çoban Salata 224
Falafel 226
Peynirli Simit ve Ballı Ihlamur 228
Krep 230
Muzlu Pankek 232
Vişneli Muhallebi 234
Meyve Lolipopları 236

www.anneyemektenevar.com

www.sibelgungor.com.tr